KB273215

전현지의

자신만만

Golf

퍼펙트 스윙 편

전현지의 자신만만 Golf

글 **전현지**　사진 모델 **신지애**

신지애의 퍼펙트샷 따라하기

매일경제신문사

박세리 선수가 세계적인 스타가 된 이후 수많은 골프서적들이 출판되었고, 훌륭한 선수들과 지도자들도 계속 배출되고 있습니다. 나 자신도 골프가 좋아서 48년간 골프연습장과 필드를 다녔고, 이 책 저 책 구입해 나름대로 연구도 많이 해보았지만, 별로 성과를 보지 못했었습니다.

《전현지의 자신만만 골프》는 골프에 관심을 갖고 배우려는 사람들에게 매우 신선한 충격을 줄 것입니다. 골프의 주요기술 하나하나를 간단한 설명과 사진으로 쉽게 이해할 수 있도록 편집된 것이 아주 돋보입니다. 또한 한국의 골프문화 발전을 위해 고심하고 노력한 야심찬 작품이란 느낌마저 듭니다.

이 책은 골프를 사랑하고 관심 있는 사람이라면 누구나 편안하고 쉽게 읽어 볼 수 있고, 각각의 동작과 기술에 대한 자신감을 보다 빨리 가질 수 있는, 그야말로 자신만만 골프 책이라고 확신합니다. 골프 애호가들이 필독하면 많은 도움이 될 것입니다. 마지막으로 이 책이 우리나라 골프문화 정착에 크게 이바지할 수 있는 매개적 역할을 할 것으로 크게 기대하는 바입니다.

한국올림픽아카데미 · 한국체육인회 회장
한국사회체육문화재단 이사장
장주호

Contents

다리는 중심을 잡고, 몸통은 회전을 하고, 팔은 클럽을 잡고 휘두르는 것이 골프스윙의 기본이다. 각각의 역할이 분명하게 나누어지지만 가장 중요한 것은 동작의 조화로움과 균형이다.

너무나도 흔한 어깨의 회전과 체중 이동은 이제 식상하다. 아무리 열심히 해도 이처럼 흔한 동작들로는 스코어가 줄지 않고 정확한 임팩트도 이루어지지 않는다. 자신에게 알맞은 동작을 찾아 정확하게 숙련시키는 것이 중요하다. 그저 클럽을 움직이고 공을 맞추는 것에만 관심을 쏟는 것은 잘못된 것이다.

골프스윙은 기능적으로 수행하지만 사람의 마음이 관여되어 있다. 어떠한 목적을 갖고 스윙을 하는가, 어떠한 의미를 두고 골프를 치는가는 매우 중요한 문제다. 스윙의 가장 큰 목적은 자신이 원하는 곳으로 공을 날려 보내는 것이다. 남들에게 보기 좋기 위해서, 남들의 시선에 맞춰 스윙할 필요는 없다. 자신이 원하는 타깃으로 공을 날리는 것에 초점을 맞춘다면 스윙은 그다지 어렵지 않다. 힘이 부족한 신체를 단련시키고 쉽게 스윙을 하도록 하자.

타이거 우즈 이전에는 트레이닝에 대한 관심이 별로 없었다. 하지만 현대에는 대부분의 선수들이 자신의 몸 관리에 시간을 할애하며 근육을 강화시킨다. 이러한 근육의 강화는 비거리를 늘리는 데 반드시 필요하다.

기존의 책들이 너무 어려운 용어와 알아듣기 어려운 설명들이 많았다면, 이 책에서는 골프스윙의 기본적인 이해를 돕기 위해 추천 자세와 원리에 어긋나는 자세를 비교하면서 보다 쉽게 설명한다.

처음 입문하는 골퍼들에게는 스윙의 이해와 응용을 돕고 상급자들을 위해서는 자신의 스윙을 점검할 수 있도록 홀드부터 피니시까지 알아본 후, 간단한 동작들로 응용할 수 있는 드릴(Drill)을 소개한 뒤 각각의 수준에 맞춘 조언들로 마무리하였다. 어려운 용어나 동작들을 배재하고 쉽고 간단하게 할 수 있는 몸의 움직임으로 스윙을 만들 수 있게 하였다.

한 가지 동작에 집착하지 말고 각각의 움직임의 연관성을 생각하면서 스윙하는 것이 좋다. 이 책을 통해 자신에게 어울리는 골프스윙을 찾고, 그 스윙에 맞는 마음가짐과 골프의 정신 및 철학을 함께 생각해볼 수 있는 기회가 되기를 바란다. 골프를 통해 심신을 단련시키고 자신의 내면을 바라보며 진정한 삶의 기쁨을 찾도록 노력하면, 골프를 바라보는 안목도 높아질 것이다.

다운블로(Down Blow): 스윙의 톱에서 내리친 클럽헤드의 중심이 최저점에 이르기 전에 볼을 치는 것.

드로(Draw): 타깃의 우측으로 출발해 타깃으로 돌아오도록 의도한 볼의 구질.

디봇(Divot): 공을 쳤을 때 잔디나 흙이 클럽헤드에 의해 패어 떨어진 것.

라이각(Lie Angle): 클럽의 샤프트와 땅 사이의 각도.

로프트(Loft): 샤프트와 클럽페이스가 이루는 각도.

매치플레이(Match Play): 홀 매치로도 불리는 경기의 일종. 2인 또는 2조로 각 홀별 승패를 정하는 것.

생크(Shank): 볼이 클럽샤프트의 목 부분에 맞는 미스샷.

셋업(Set up): 공을 치기 위해 자세를 잡는 것.

스위트 스폿(Sweet Spot): 클럽페이스의 가장 중앙으로 무게 중심이 있는 곳.

스윙 플레인(Swing Plane): 스윙 중 클럽의 헤드가 다니는 길(궤도).

스탠스(Stance): 볼을 치기 전 두 발의 위치를 정하는 것. 스퀘어, 클로즈드, 오픈이 세 가지 기본 스탠스.

스트로크(Stroke): 한 번의 스윙으로 휘두르는 샷. 또는 점수.

스트로크플레이(Stroke Play): 정해진 홀 수를 플레이해서 핸디캡이 있는 경우 그 수를 제하고 각 홀의 총 타수를 비교해 타수가 가장 적은 사람이 이기는 게임.

야드목: 그린 입구나 그린 중앙까지 남은 거리를 표기해주는 말뚝.

어드레스(Address): 샷을 하기 전 발의 위치를 정하고 지면에 클럽헤드를 놓아 둔 상태.

어퍼블로(Upper Blow): 스윙의 톱에서 내리친 클럽헤드의 중심이 최저점을 찍고 위로 올라가면서 볼을 치는 것.

어프로치(Approch): 그린에 가까운 지역에서의 샷.

얼라인먼트(Alignment): 몸 전체를 타깃라인에 평행하게 정렬하는 것.

에임(Aim): 클럽을 타깃라인에 직각으로 정렬하는 것.

오소플레이(Playing from Wrong Place): 드롭할 수 없는 곳에 있는 볼을 치거나 재드롭을 해야 하는 장소에 갖다 놓은 볼을 그냥 치는 것.

워터해저드(Water Hazard): 코스 내 강, 호수, 연못, 습지 등 물에 관련한 장해물.

임팩트(Impact): 클럽헤드에 볼이 맞는 순간.

퍼팅(Putting): 그린에서 볼을 홀에 넣기 위해 스트로크하는 것.

페이드(Fade): 타깃의 좌측으로 출발해 타깃으로 돌아오도록 의도한 볼의 구질.

폴로스루(Follow-through): 볼을 임팩트한 이후 연속되는 동작.

프리샷 루틴(Pre-shot Routine): 샷을 하기 전에 하는 일련의 행동들.

피니시(Finish): 타구의 완료 자세.

헤드업(Head Up): 볼을 치는 순간 머리가 움직이는 것.

홀드(Hold): 그립을 쥐는 것(그립은 클럽의 구성요소임에도 불구하고 홀드의 뜻으로도 종종 쓰임).

Part 1

골프 스윙의
취향 및 개요

골퍼들의 취향

골프에서 말하는 취향(Preference)은 골프의 원칙과 연관되어 있다. 법칙이 누구에게나 적용되는 것이라면 원칙은 각자에 맞게 어느 정도 조절이 가능하다. 취향은 이러한 원칙들에 적합한 '대안'이다. 자신이 선택할 수 있으며 그 종류 또한 무한대라 할 수 있다.

스탠스를 열거나 닫는 것은 취향이지 원칙이나 법칙이 아니다. 퍼터의 그립을 쥐는 방법 역시 취향이다. 무조건 일자로 정열하고 직구로 치는 것만이 모두에게 적용되는 정답은 아니다.

중요한 것은 모델을 통해서 자신에게 맞는 스윙을 재창조하는 것이다. 그립을 먼저 잡는 골퍼도 있고, 스탠스를 먼저 서는 골퍼도 있듯이 프리샷 루틴(Pre-shot Routine) 역시 자신만의 스타일로 창조할 수 있으므로 취향에 포함된다.

모든 사람은 태어날 때 이미 자신만의 홀드를 갖고 태어난다고 한다. 그만큼 개성이 강하다는 뜻이기도 하다. 자신의 취향을 잘 알고 있으면 스윙 교정 시 무조건 타인의 스윙을 따라하지 않고 자신만의 스윙을 만들기 쉽다.

신지애의 퍼팅 그립

지렛대의 원리

　퍼팅이나 치핑과 같이 팔과 샤프트가 하나로 움직이면서 손목의 꺾임이 없는 형태를 '1개의 지레'로 표현한다. 스윙 시 체중의 중심 이동이 없다.

　피칭샷은 손목의 꺾임이 한 번 이루어지므로 '2개의 지레', 풀스윙은 팔꿈치의 부드러운 꺾임이 더해지므로 '3개의 지레'라 할 수 있다.

퍼팅-1개의 지레　　　　　　　피칭-2개의 지레

　골프에서는 이 3개의 지레를 잘 이해하는 것이 중요하다. 이 지레의 원리는 클럽헤드의 무게를 최대한 이용해 클럽을 가볍게 움직일 수 있도록 해준다. 즉, 공을 멀리 보내기 위해 반드시 알아두어야 하는 것이다.

　박자나 소리 등의 감각이 뛰어난 사람은 오버스윙을 많이 하는 경향이 있는데, 샤프트의 무게중심을 잘 이용할 수 있다면 일부러 스윙을 줄일 필요는 없다. 샤프트의 탄력과 팔의 탄력을 합쳐서 자신의 힘이 클럽헤드를 통해 공에 전달되도록 한다.

풀스윙-3개의 지레

스윙은 토우 업이다

사람의 발바닥 뒤꿈치를 '힐' 이라 하고 발가락을 '토우' 라 한다. 클럽도 마찬가지다. 헤드에서 샤프트의 밑에 위치한 부분을 '힐' 이라 하고 헤드에서 샤프트와 가장 먼 곳을 '토우' 라고 한다.

임팩트에서 헤드의 힐과 토우가 타깃과 일직선을 이룰 때 '스퀘어 클럽페이스' 를 이루었다고 한다.

클럽은 헤드의 토우가 열렸다 닫혔다 하면서 위 아래로 움직인다. 백스윙에서는 헤드의 토우가 하늘을 바라보며 헤드면이 정면을 향하고, 폴로스루에서는 토우가 하늘을 바라봄과 동시에 후방을 향하게 한다. 이러한 자세가 되면 굳이 임팩트를 똑바로 만들려 하지 않아도 타깃과 스퀘어로 공이 맞게 된다.

왼쪽 손등과 클럽의 헤드면이 같은 방향을 취하고 있다면 이 토우가 가리키는 방향으로 공의 구질을 파악할 수도 있다.

클럽의 토우가 하늘을 바라보는 백스윙 | 클럽의 토우가 하늘을 바라보는 폴로스루

스윙에서 형성되는 세 공간

　스윙에 반드시 필요한 공간이 있다. 이 공간들이 찌그러지거나 붙어서 제자리를 유지하지 못하면 파워샷을 기대하기 힘들다.

　양팔 사이의 공간은 어깨의 회전과 올바른 팔 동작에, 몸과 팔 사이의 공간은 스윙 플레인에 영향을 준다. 다리 사이의 공간은 체중이 동에 관여하게 되므로 중요하다.

　각각의 동작에서 공에 너무 압력이 가해지지 않는 적당한 힘으로 끼울 수 있으면 된다.

　어드레스 동작에서 너무 주저앉거나 무릎을 펴게 되면 공이 찌그러지거나 다리에 힘이 치중될 것이다.

다리 사이의 공간

양팔 사이의 공간에서 팔 간격을 유지하려면 백스윙에서 오른쪽 팔꿈치가 빨리 접히면 안 된다. 장타를 위해서 볼과 멀리 서라는 말은 몸과 팔 사이의 공간을 넓게 사용하라는 뜻이다. 각각의 공간개념을 이해하도록 한다.

양팔 사이의 공간

몸과 팔 사이의 공간

공의 탄도 만들기

흔히 최저점 이야기를 많이 한다. 아이언샷의 경우 스윙의 가장 낮은 부분에서 공이 맞도록 해야 제 탄도를 가지며 멀리 날아가기 때문이다. 그렇다고 해서 무조건 이와 같은 다운블로를 선호하지는 않도록 한다. 지면을 찍는 것과 '히팅'은 다르게 생각해야 한다.

셋업에서 형성된 클럽의 로프트가 임팩트에서는 조금 세워져야 한다.

내 몸에 맞는 스윙의 유형을 찾아 따라하다 보면 탄도는 저절로 생기게 된다. 클럽에 맞으면 공은 뜨기 때문에 탄도가 낮을까봐 걱정할 필요가 없다.

물론 클럽이 미치는 영향이 가장 크지만 일부러 손으로 띄우는 건 금물이다. 처음 골프클럽을 잡은 초보의 경우 공을 맞추려는 모습을 살펴보면 흔히 손을 들어 올리는 모습을 많이 보이는데, 이렇게 하면 공이 맞지 않는다.

셋업

임팩트

Part 2

홀 드

나에게 알맞은 홀드의 타입은?

"자네는 지금 머리로 플레이를 하고 있어. 플레이 포인트가 자네의 머리에서 양손으로 내려와야 해. 잘 듣게. 내가 말한 적이 있듯이 참된 지능이란 두뇌 속에 있는 것이 아니라 두 손 안에 있는 거야. 손이 생각하도록 놔둬. 자네보다 훨씬 현명하다네. 조급해하지 말고 인내심을 가져. 골프클럽이 스스로 안착하도록 놔두라고. 그립이 스스로 그 자리를 찾을 때까지 공 앞으로 나서지마. 명심하게. 손은 스윙을 '만들지 않는다'는 걸. 손은 그걸 '되찾는' 거야. '기억해낸다'는 말이지. 동방에서 수행자들이 어떻게 앉는지 기억 나나? 가부좌를 하고 손바닥을 돌려 하늘로 향하게 하지. 일종의 안테나로 생각하고서 말이야. 골퍼의 손도 마찬가지로 안테나와 같다네. '힘이 흐르는 곳'을 찾아서는 '찰나의 스윙'을 끌어내는 역할을 하지."

– 스티븐 프레스필드, 《배거밴스의 전설》 중에서 –

과연 이 말이 담고 있는 홀드의 의미는 무엇일까?

그것은 바로 자신에게 가장 편안한 팔의 모습을 찾아서 그 팔의 형태가 변하지 않게 쥐는 것이 좋다는 말이다.

그립 위에 얹은 신지애의 홀드

차렷 자세에서 왼쪽 손목을 타깃 방향으로
돌리지 않고 그대로 선 자세

스윙이 잘 되는 방법을 찾자

자신에겐 맞지 않으나 습관이 되어버린 홀드의 형태, 내가 움직이기 편한 대로만 스윙을 하면 원하는 곳으로 볼을 보내기 위해 불필요한 동작을 많이 하게 된다. 특히 그립은 더욱 그러하다.

대부분의 골퍼들이 그립 변경을 꺼려한다. 쥐는 방법이 변하면 스윙 전체에 변화가 생겨 오히려 이전보다 잘되지 않을까봐 불안하기 때문이다. 하지만 생각을 바꾸면 여러 곳을 교정할 필요가 없다. 한 동작만으로도 많은 교정이 가능하다.

차렷 자세에서 손등이 많이 보이는 사람의 경우, 왼손등이 정면에서 보이도록 해야 자신의 몸에 맞는 홀드가 된다.

흔히 말하는 내추럴홀드가 자신에게도 내추럴일 확률은 적다. 팔을 똑바로 하려고 원래의 모습과 다르게 돌려 잡으면 이 때문에 스윙이 변형된다. 차렷 자세에서 왼쪽 손목을 타깃 방향으로 돌리지 말고 그대로 그립 위에 얹는 것이 중요하다.

사람마다 그립을 홀드하는 형태는 다르니 자신에게 맞는 것을 찾도록 하자.

차렷자세에서 손등이 많이 보이는 사람에게 맞는 그립

내추럴홀드

여성들이 잡기 편안한 그립

여성들은 남성에 비해 팔힘과 손목힘이 적다. 그래서 일반적인 골프의 그립으로 홀드할 경우 클럽이 무거워서 백스윙하기 어려운 경우가 많다. 특히 오른손잡이의 경우 왼팔에는 힘이 거의 없기 때문에 왼손은 의도적으로 많이 엎어서 쥐는 것이 좋다. 그렇게 해야 오른손과의 균형이 맞게 된다.

또는 야구에서 타자들이 배트를 휘두르듯이 열 손가락 전부가 그립에 닿도록 홀드하는 베이스볼 그립도 좋다. '인터로킹'이라고 오른손의 새끼손가락을 왼손의 검지 밑에 끼우는 형태도 있으나, 손가락의 변형을 초래하므로 필자의 경우 잘 권장하지 않는다.

중요한 것은 클럽을 가볍게 휘두르는 것이다. 그러므로 클럽을 쥐고 위아래로 흔들어서 제일 가벼운 왼손의 모양을 찾도록 한다. 이렇게 해야 골프가 보다 쉬워진다.

베이스볼 그립

어드레스

어깨와 팔꿈치 긴장 풀기

보통 아마추어들은 스윙을 한다거나 클럽을 타깃으로 던진다는 개념보다는 팔을 밀거나 당기는 데 익숙해져 있다.

팔꿈치와 어깨에서 힘을 빼는 대신 필자와 같이 등을 구부리면 상체에 힘이 많이 들어가 팔꿈치가 몸 쪽으로 붙게 되는 새우등이 되어 공을 밀어내는 경향이 생긴다.

어깨의 긴장은 목뼈와 어깨 사이에서 시작되므로 신지애 프로와 같이 목을 세워서 턱을 당기며 가슴을 펴 주는 동작이 좋다.

팔꿈치의 힘을 빼는 것은 클럽을 부드럽게 쥐는 것과는 다르다. 팔꿈치와 그립은 일체화되어 있지 않으므로 손의 악력은 팔꿈치를 부드럽게 사용할 수 있도록 조절해야 한다.

이 동작으로 상체의 밸런스가 맞춰져 척추의 기울기까지 조정되는 행운이 겹칠 수 있으니, 팔과 어깨가 자유롭게 움직일 수 있도록 긴장을 풀고 시작하자.

▲새우등이 된 전현지(좌), 목을 세워 턱을 당기고 가슴을 편 자세의 신지애(우)

▼신지애의 클럽을 당겨주는 전현지, 클럽을 당겼을 때 따라올 정도의 악력이면 OK

히프 하이크 동작

　똑바로 서는 것이 힘들다면 가슴을 편 어드레스를 기대하기 힘들다. 목과 척추가 일자로 서는 것이 아래 사진의 신지애 프로와 같은 동작이다. 필자와 같이 목이 가슴 쪽으로 쳐지며 앞으로 기우는 동작은 교정이 필요하다.

목이 가슴 쪽으로 처지고 앞으로 기운 어드레스(좌), 가슴을 편 어드레스(우)

히프 하이크 동작은 복부, 허리, 엉덩이, 허벅지, 종아리 근육의 균형을 잡아주며 유동적인 근육 사용이 가능하도록 도와준다. 또한 어깨와 목 뒤의 관절을 부드럽게 해준다.

등을 바닥에 대고 누워 짐볼 위에 양발을 올린다. 엉덩이 옆에 양손을 바닥에 짚고 균형을 유지한다. 발이 흔들림 없이 균형을 유지할 수 있을 때, 양손으로 바닥을 밀며 어깨에서 무릎이 일직선이 되도록 엉덩이를 들어주어 균형을 유지한다. 어깨와 목의 힘을 빼고 팔을 지면에 붙인 채 척추를 세운다.

올바른 자세는 좋은 스윙을 만들기에 좋다.

히프 하이크 동작

셋업에서 이상적인 척추의 기울기

  에임(Aim)과 얼라인먼트(Alignment), 셋업을 혼동하지 말자. 에임과 얼라인먼트는 클럽페이스의 위치, 클럽의 진행 방향에 가장 큰 영향을 끼쳐 공의 방향을 결정하지만, 셋업은 공의 방향, 거리와 관련이 있다.

  셋업은 네 가지로 구성되는데, 첫째가 척추를 앞으로 굽히기, 둘째가 스탠스 폭이다. 그리고 흉골을 중심으로 한 상체의 좌우기울기가 세 번째, 공의 위치가 네 번째다. 상체를 얼마나 앞으로 숙이는가와 좌우로 기울이는 것은 다르다. 상체가 우측으로 기울면 드로 구질을 칠 수 있지만 좌측으로 기울면 치기 어렵다.

  척추의 기울기(Torso Tilt)는 키에 따라 다르지만, 22~44도가 가장 이상적이다. 이는 척추를 숙이고 두 팔을 자연스럽게 내렸을 때 두 팔이 지면과 수직이 되는 척추의 각도다.

스탠스의 폭

척추에 샤프트를 대고 허리 숙이기    상체의 좌우 기울기

척추의 기울기가 허리를 편하게

허리와 척추는 다르다. 스윙을 할 때 허리만 구부리고 척추를 세워 흔히 말하는 오리 엉덩이를 만드는 경우가 있다. 이는 허리에 무리를 주고 임팩트에서 왼쪽 엉덩이가 뒤로 빠지는 경우를 초래하기도 한다.

척추의 기울기를 잘 잡으려면 가슴을 펴야 한다. 가슴을 펴면 척추가 곧은 자세를 취하게 되므로 그 자세에서 상체를 그대로 앞으로 기울여야 한다. 이 기울기를 잘 맞춰주면 오랜 시간 동안 이 자세를 유지해도 허리에 무리가 가지 않는다.

하지만 허리도 구부리고 척추도 구부러지면 공을 몇 개만 쳐도 허리가 아프고 동작도 각이 없이 흐트러지기 마련이다.

허리가 구부러진 채로 편한 자세를 찾지 말고 가슴을 펴서 척추를 곧게 한다. 기울기의 크고 작음은 팔 길이와 신장에 따라 다르다. 임팩트까지 이 기울기를 유지한 채 스윙한다면, 정확하게 볼을 맞출 수 있을 것이다.

오리엉덩이의 어드레스

어드레스 때 허리와 클럽을 직각으로

강한 파워를 위해서 스윙이론에 얽매일 필요는 없다. 강한 파워는 짜임새 있는 어드레스가 필수다.

공을 때리려는 어드레스와 단순히 공을 맞히기 위한 어드레스는 보기에도 확연하게 차이가 난다. 일반인의 경우 공을 멀리 보내려는 생각에 임팩트 때만 강하게 하고 어드레스 때는 힘을 빼고 대충대충하는 경우가 많다.

하지만 프로골퍼들의 경우, 스윙을 하면서 볼을 때리는 시간은 불과 1초 안팎에 불과한 데 비해, 어드레스를 하기 위해 들이는 시간은 약 20초 정도가 된다. 그만큼 어드레스가 차지하는 비중이 크다는 것을 의미한다.

헤드의 바닥을 지면에 닿게 하려고 손목을 들거나 내리지 말고 손이 늘어진 상태에서 클럽의 샤프트와 허리가 직각이 되도록 어드레스의 옆에서 자주 체크하도록 한다. 허리와 클럽이 직각을 유지하게 하는 것은 클럽의 라이각을 지면에 맞추는 것보다 중요하다.

손목을 들어올린 자세　　　　　　　　　　허리와 클럽이 직각을 이룬 자세

척추 강화 운동

　짐볼을 이용한 동작은 엉덩이 근육과 척추 기립근의 힘을 길러준다. 척추와 목을 유연하게 해주고 복부에 강한 압박을 주어 근육을 단련하는 데 효과적이다.

　척추가 굽은 임팩트가 만들어진다면 척추 강화 운동(Hyper Extension)을 해서 오른쪽의 신지애 프로와 같이 바른 임팩트를 만들도록 하자. 몸이 부자연스럽게 움직이는 데는 이유가 있다. 근육에 힘이 없으면 하고 싶은

척추가 굽은 임팩트(좌), 바른 임팩트(우)

동작도 마음대로 되지 않는다. 다음과 같이 척추 강화 운동을 해보자.

우선 아래 복부에 짐볼을 대고 엎드린다. 양발을 어깨넓이 정도로 벌리고 발끝으로 균형을 유지한다. 양손을 귀 옆에 두고 가슴을 펴 상체를 일으켜 준다. 척추를 둘러싼 허리 근육의 자극을 느끼며 머리에서 뒤꿈치가 일직선이 되는 수준까지 실시한다.

너무 힘이 들면 쿠션이 심하지 않은 맨 바닥에서부터 시작하자. 단계적인 강화는 상해를 방지한다.

짐볼에 엎드려 양팔을 귀에 대고 허리 들어올리기

어드레스에서 무릎 구부리는 정도

기마자세로 다리에 힘을 주고 체중을 뒤꿈치에 두려고 하면 스윙을 하기도 전에 몸에 힘만 들어가게 된다. 또한 어깨를 무릎보다 앞으로 위치시키려다가 체중이 발가락에 쏠리는 경우도 생긴다.

체중을 뒤꿈치에 둔 채 몸에 힘이 들어간 상태

그럴 때는 그립을 쥐고 가슴은 편 상태로 똑바로 선 상태에서 체중을 뒤꿈치에 보내고 허리만 숙이자. 허리를 그 자리에 둔 채 체중을 발등으로 이동시키면 무릎이 자연스럽게 구부러지게 된다. 즉, 셋업의 순서에 의해서 중심을 잡으면 자신에게 맞게 무릎을 구부리는 정도를 찾기가 쉽다는 것이다. 발바닥을 통해 중심이 이동될 때 허리와 골반이 앞으로 움직이지 않게 유지한다.

체중을 발등 전체로 이동하고 무릎이 편안한 상태

딥 스쿼으로 허벅지의 힘을 기르자

좋은 스윙을 하기 위해서는 좋은 자세를 유지할 수 있는 몸이 필요하다. 몸이 준비되지 않은 상황에서는 파워를 내기도, 방향을 유지하기도 어렵다.

딥 스쿼(Deep Squat) 동작을 연습해두면 스윙에서 중심을 잡는 데 매우 유용하다. 허벅지의 앞과 뒤가 균형을 잡을 수 있으면 엉덩이와 무릎을 이용해 임팩트에서 파워를 전달하기가 쉽기 때문이다.

딥 스쿼 동작은 양발을 어깨보다 조금 넓게 벌리고 팔을 교차해 양 팔꿈치 위에 얹고 바르게 서는 것에서 시작한다.

어드레스 시, 무릎이 많이 구부러진다면 허벅지 강화를 위해 무릎이 정면을 향하도록 유지하면서 머리를 들고, 척추가 구부러지지 않도록 하여 엉덩이가 지면에 가까워지도록 쪼그려 앉는다.

앉은 자세로 3초간 정지한 후 척추를 편 상태로 서서히 일어선다.

상체를 세우고 다리의 힘을 잘 분배한 딥 스큇

Part 4

백스윙

어깨의 간격을 유지하며 백스윙

　백스윙할 때 몸의 양쪽은 같이 움직여야 한다. 오른손잡이의 경우 오른쪽은 정지한 채 왼쪽만 움직이는 것은 아니란 뜻이다.

　하지만 백스윙에서 왼쪽 어깨의 회전에는 신경을 쓰면서 오른쪽 어깨의 회전을 생각하지 않는 이유는 무엇일까? 왼쪽 어깨만 회전시키면 어드레스에서 만들어 놓은 어깨의 간격이 좁아지며 백스윙의 톱에서 오른팔에 힘이 많이 들어가게 된다.

　스윙 축을 중심으로 강한 회전을 하기 위해서는 부드러운 몸이 필수다. 골프에서 부드럽다는 것은 어느 동작에서나 클럽을 부드럽게 휘두르는 것을 말한다.

　신 프로처럼 백스윙을 시작할 때 우측의 오른쪽 어깨를 먼저 움직이면 왼쪽은 의도하지 않아도 저절로 따라온다. 하지만 왼쪽을 먼저 움직인다고 해서 어깨의 간격이 유지된 채 오른쪽이 같이 움직이지는 않는다. 양쪽 어깨의 간격을 그대로 유지한 채 백스윙하는 것은 매우 중요하다.

왼쪽 어깨만 회전해 좁아진 백스윙(좌), 어깨의 간격이 유지된 백스윙(우)

리버스 피봇된 어깨의 회전

리버스 피봇이란, 백스윙 시 우측으로 이동했던 체중이 백스윙의 톱에서 다시 왼쪽으로 치우치는 경우를 지칭한다. 부드러운 회전을 하려다가 클럽의 무게는 느꼈는데 오른팔이 몸에 너무 붙어서 잘못된 백스윙이 되는 경우가 많다. 오른쪽 어깨의 회전은 좋았는데 체중이 왼발에 그대로 있는 경우가 대표적이다.

이럴 때는 머리를 제자리에 고정시키지 말고 살짝 오른쪽으로 움직이게 해주면서 오른팔을 몸에서 벌려주는 것이 좋다.

양 어깨와 팔의 간격을 유지하면서 중심을 유지하면 90도에 조금 모자라더라도 그 꼬임만으로 다운스윙에 필요한 충분한 힘을 저장할 수 있다. 백스윙은 다운스윙을 위한 것으로 그 자체와 모양만으로는 큰 의미가 없다. 한쪽으로 치우치지 않게 자연스러운 동작을 만들도록 노력하는 것이 좋다.

체중이 왼발에 치우친 백스윙(좌), 중심 이동이 잘된 백스윙(우)

어깨의 회전과 힌지 포인트

다운스윙이 잘못됐다면 교정할 곳은 다운스윙이 아닌 바로 그 전 동작인 백스윙이다. 원인을 찾아서 교정해야지 결과만 고쳐서는 올바른 수정이 되지 않는다.

양팔을 쭉 펴면서 왼쪽 어깨를 오른쪽으로 밀면 스윙 아크(스윙 시 클럽헤드가 휘둘러지는 궤도)는 커지지만 스윙의 중심이 흐트러지게 된다.

손목의 힘이 약하다면 할 수 없지만, 그렇지 않은 경우에는 신 프로처럼 어깨의 회전이 절반 정도 이루어졌을 때 허리춤에서 오른쪽 손목을 힌지(손목 꺾음)시키면 오른쪽 팔꿈치가 살짝 구부러지면서도 큰 아크를 유지할 수 있다. 무조건 크고 길게 하는 스윙은 좋지 않다.

이 스윙은 간단하면서 양 어깨의 동반 회전으로 백스윙 시 탄력을 얻을 수 있고, 얼리 힌지(Early Hinge)로 백스윙에서의 힘 소모를 최소화할 수 있다.

손목을 두고 팔을 뻗기만 한 백스윙(좌), 오른쪽 손목을 힌지시킨 백스윙(우)

어깨회전의 감각을 찾자

　백스윙 회전을 할 때 정확한 느낌을 찾으려면 클럽을 오른손으로만 잡아보자. 왼손을 오른쪽 어깨에 얹고 클럽을 짧게 쥔 상태에서 오른팔로 백스윙 톱을 만든다. 여러 번 반복해서 만들어보면 우측에 의해 좌측이 따라서 움직이는 것을 느낄 수 있다.

　그런데 오른팔만으로 백스윙하면서 왼쪽 어깨를 밀면 같이 움직이지 않고 제각기 움직이게 된다. 양팔이 같이 움직이면서 어깨도 같은 공간을 유지한 채 회전해야 하는데 한 쪽씩 움직여보면 그 회전이 다른 형태로 나타나는 것이다.

　프로들의 경우 숙련이 되어서 같이 움직이는 것이 쉽지만 아마추어들의 경우 느낌을 잡기가 어렵다. 한 손씩 해보면서 감을 찾도록 한다.

오른팔만으로 회전한 모습(좌), 왼손을 오른쪽 어깨에 얹고 회전한 모습(우)

어깨의 힘을 뺐더니 그립이 움직일 때

스윙을 할 때에는 몸에 힘을 빼고 있어야 클럽헤드로 힘이 전달된다. 그래서 볼을 치기 전 손목을 부드럽게 하기도 하고 몸을 흔들어 보기도 한다.

하지만 정작 볼을 때릴 때 홀드한 그립을 있는 힘껏 쥐게 되는 이유는 무엇일까? 몸이 힘쓰는 방법을 잘못 인식하고 있기 때문이다.

어깨의 힘을 빼려다가 그립을 쥔 홀드의 힘이 같이 빠져서 공을 때릴 때 클럽이 손바닥 안에서 움직인다면, 왼팔의 팔꿈치를 회전시키며 접어보자.

팔꿈치를 몸에 붙이고 힘을 주는 것이 아니라 헤드가 축을 중심으로 회전할 수 있도록 어깨의 힘을 빼고 그립은 쥔 상태에서 왼쪽 팔꿈치를 3분의 1 정도 구부리는 것이다. 이 동작은 백스윙 중간에서 오른쪽 팔꿈치가 회전하며 살짝 구부러진 모습과 일치한다.

무조건 뻗으려다 몸의 균형이 흐트러지는 것보다는 부드러운 스윙을 찾도록 한다.

왼쪽 팔꿈치의 힘을 빼고 접히기 이전의 폴로스루

광배근을 키우자

백스윙에서 오른쪽 팔꿈치가 벌어진다면, 광배근을 키우자.

광배근은 허리에서 등에 걸쳐 퍼지는 편평하고 큰 삼각형 모양의 근을 말한다. 이 근육이 발달되면 어깨와 더불어 회전에 좋은 영향을 미칠 수 있다. 다리에 힘을 주고 등을 회전시키는 것이나 어깨를 회전하는 것이나 비슷한 느낌을 주기 때문이다.

짐볼에 등을 대고 누워 밴드를 양손으로 잡아 팔을 머리 위로 뻗는다. 이때 보조자는 밴드를 팽팽하게 당겨 잡아 준다.

팔꿈치가 벌어지지 않게 유지하며 복부까지 팔을 당기자.

팔을 머리 위로 뻗었을 때는 최대한 등을 이완하고, 복부로 팔을 당길 때는

백스윙 시 오른쪽 팔꿈치가 벌어진 모습

등 근육을 의식하는 것이 포인트다.

　이 부위를 운동하는 것은 근력 운동에 익숙하지 않은 경우 다소 어려울 수 있으나, 일단 광배근의 움직임을 느껴보도록 한다.

　한 손을 등에 대고 다른 한 팔을 들었다 내리면서 등 근육의 움직임을 파악한다. 그 움직임을 의식할 수 있게 되면 동작을 쉽게 할 수 있다.

짐볼에 앉아 밴드를 당기며 팔과 등을 펴는 동작

임팩트에서 왼쪽 팔꿈치가 구부러지는 이유

클럽을 움직이는 주체는 자신의 몸이다. 팔이 아니다. 몸과 팔은 항상 같이 움직이는 것이지 어느 한 부분만 따로 움직이지 않는다.

신 프로와 같이 다운스윙은 백스윙과 마찬가지로 몸과 팔이 함께 클럽을 움직여야 한다. 그렇게 하면 백스윙과 같은 'L'자 모양이 만들어진다. 하지만 클럽을 움직이는 것과 상관없이 팔을 너무 펴려다 보면 오히려 구부러지고 뻣뻣해진다.

공을 맞추기만 하려는 생각에 몸의 회전이 멈추어진 상태에서 그립을 쥔 손을 끌고 내려오는 동작을 하는 경우가 있다. 이렇게 볼이 맞으면 폴로스루에서 지면이 먼저 맞으며 비거리의 손실은 물론 팔꿈치에 심한 충격을 초래하게 된다. 왼쪽 팔꿈치가 구부러졌다는 것은 오른쪽 팔꿈치가 빨리 펴졌다는 의미를 내포한다. 백스윙 시 'L'과 다운스윙에서의 'L'을 유념하면서 스윙하도록 한다.

팔만 움직인 다운스윙(좌), 몸과 팔이 같이 움직인 다운스윙(우)

백스윙에서 왼팔을 펴려면

　왼팔을 반드시 펼 필요는 없지만 스윙 폼에 신경을 많이 쓰는 사람이라면 괜찮다고 해도 꼭 펴고 싶을 경우가 있다. 왼쪽 팔꿈치의 관절이 완전히 구부러지는 경우 힌지(Hinge)가 되지 않는 것이므로 거리의 손해가 있지만 조금 구부러지는 경우는 상관없다.

　완벽하게 펴고 싶을 때는 힌지가 왼손 손등이 아닌 엄지손가락 방향으로 탄력을 받게 한다. 힌지는 말 그대로 경첩이다. 더 이상 꺾이지 않도록 하는 것이지 많이 할수록 좋은 것이 아니다.

왼손을 힌지할 때 손등이 아닌 엄지손가락 방향으로

또는 백스윙 시 왼쪽 어깨를 턱 밑으로 집어넣으며 오른쪽 어깨보다 낮춘다. 이는 어깨가 턱보다 낮게 회전하라는 말이지 턱을 앞으로 빼라는 말이 아니므로 주의해야 한다.

왼쪽 어깨가 낮아지면 팔을 뻗기가 수월하다.

왼쪽 어깨를 턱 밑으로

왼손 새끼손가락의 힘은 어느 정도?

　왼손 새끼손가락의 역할은 중요하다. 스윙의 축이 되는 팔 바깥쪽의 근육이 연결되어 있기 때문이다. 이 손가락은 그립의 가장 두꺼운 부분을 쥐고 있으며 이 부분을 놓치면 클럽 전체가 흔들리게 된다. 새끼손가락이 짧아서 그립이 쥐어지지 않는 사람은 넷째 손가락이 중심이 되도록 해도 좋다.

　강한 압력으로 꽉 쥐는 것보다는 클럽의 무게가 손가락에 걸리는 듯한 느낌이 좋다.

　사진에서와 같이 클럽을 들고 세워 중심을 잡을 수 있을 정도의 압력으로 무게를 잡자. 나머지 손가락도 거기에 맞춰 그립을 쥐며 항상 일정한 압력을 유지하는 것이 중요하다.

　손가락으로 악수하는 기분으로 그립을 잡고 왼손바닥에 밀착시킨다. 이처럼 밀착시키면 강한 힘은 필요하지 않다. 무게를 느낀다고 느슨하게 쥐면 안 된다.

검지손가락에 그립을 건 모습

왼손과 오른손의 엄지손가락

　클럽의 그립을 쥔 손은 그 사람의 정신과 마음을 헤드로 연결하는 통
로라고 한다. 그립을 쥔 손의 악력은 엄지손가락과 검지손가락의 간격
이 얼마나 잘 조절됐느냐에 따라 그 견고성을 확인할 수 있다.
　아마추어들은 보통 오른손 엄지손가락의 첫째 마디를 그립에 닿게 쥐
는데, 아래 사진과 같이 손톱 부위가 그립에서 약간 뜨게 그립을 쥐면
손의 힘이 손등 쪽으로 이동되면서 백스윙 톱에서 손바닥이 그립에서
떨어지지 않는다.

백스윙 톱의 오른손 엄지손가락

힘을 주어서 힘껏 잡는 것이 아니라 부드럽게 쥐면서 힘이 빠지지 않
도록 처음의 힘을 유지하자.

그립을 쥔 손은 스윙을 하는 동안 그립에 계속 붙어있어야 한다. 스윙
의 끝은 임팩트가 아니다. 피니시까지 그립을 쥔 손의 모양과 힘을 유지
해야 공의 방향성을 보장받을 수 있다.

엄지손가락이 방향성에 미치는 영향을 생각하면서 스윙 시 홀드를 유
지한다면, 자신도 모르는 사이에 원하는 샷을 자신 있게 할 수 있게 될
것이다.

피니시 때 왼손과 오른손의 엄지손가락

양팔의 힘은 균등하게

오른손잡이의 경우 왼팔보다 오른팔의 힘이 강하다. 그렇기 때문에 왼팔에 힘을 많이 주고 공을 때리라는 말을 많이 한다. 양팔에 균등하게 50:50의 비율로 스윙할 수 있다면 아주 이상적이다.

손의 위치를 바꾸어 잡고 스윙해보면, 서로가 어떠한 역할을 하는지 쉽게 알 수 있다. 릴리스 포인트(Release Point)도 정확하게 느낌이 오고, 백스윙 톱과 피니시에서 양팔이 서로 붙어 다니는 것을 느낄 수 있다.

왼손잡이의 경우 오른손잡이의 스윙을 한다면 오른팔에 거의 80% 이상의 힘을 주고 쳐야 왼손의 힘을 조금 이길 수 있게 된다.

오른손 팔꿈치에 왼손을 대고 오른손으로 백스윙을 해보면 주로 펴고 있는 왼팔이 아닌 오른팔의 역할을 보다 쉽게 느낄 수 있다. 스윙은 양팔이 같이 하는 것이지 어느 한 팔이 주도하는 것이 아니다.

▲손의 위치(위아래)를 다르게 잡고 피니시

▼오른손 팔꿈치에 왼손을 대고 오른손으로 백스윙

헤드업을 안 해야 하는 이유

골프 연습을 할 때 가장 많이 듣는 말이 "헤드업하지 마세요", "공을 끝까지 보세요", "어깨를 회전하세요", "체중이동을 하세요" 일 것이다. 이 말들에는 중심을 유지하라는 뜻이 내포되어 있다.

공을 친 후 자신의 공이 날아가는 것을 보지 못한다면 골프가 재미없어진다.

스윙축이 흔들리지 않도록 머리를 고정시키면 체중이동을 하더라도 몸이 옆으로 흔들리지 않는다. 그리고 다운스윙에서 어드레스 시와 같은 높이를 유지하려고 노력하면서 임팩트 이후 턱을 돌려 자신의 공을 보는 것이 폴로스루에 도움이 된다.

헤드업하지 말라는 이유는 스윙의 높이와 중심을 유지하기 위해서이지 날아가는 공을 보지 말라는 것이 아니다. 다만, 헤드업하지 말라는 말이 간단하고 쉬우니 이렇게 설명할 뿐이다. 또한 폴로스루에서 머리를 움직이지 않고 고정하면 자칫 허리에 무리가 갈 수 있으므로 주의해야 한다.

중심축 유지한 채 백스윙  중심축의 높이를 유지한 다운스윙

Part 5

다운스윙,
폴로스루

다운스윙 시 오른쪽 팔꿈치는 어디에?

예전에는 다운스윙을 할 때 오른쪽 팔꿈치를 벨트의 버클로 혹은 몸에 붙여서 내려오는 것이 좋다고 했다. 그렇게 해야 공의 윗부분부터 치는 다운블로샷을 할 수 있고, 스핀을 많이 걸 수 있다고 믿었기 때문이다.

예전이나 지금이나 스윙의 기본적인 것은 변하지 않았지만 현대에는 많이 이론화·과학화되었다.

어드레스와 임팩트의 모습을 비슷하게 한다는 것은 백스윙해서 다운스윙을 해 어드레스했던 제자리로 돌아오는 것을 뜻한다. 겨드랑이 각이 아니라 팔꿈치의 각을 유지한 채 백스윙에서 구부러졌던 오른팔이 원래의 자리로 돌아가는 것이다.

팔꿈치를 몸에 붙이는 데 힘을 소모하지 말고 몸을 회전하면서 팔에 저장된 힘을 임팩트에서 폭발시키는 데 더 유의하도록 한다. 팔이 몸에 붙어서는 힘을 쓸 수도, 팔을 움직이기도 불편하다.

오른쪽 팔꿈치를 몸에 붙여 다운스윙(좌), 팔꿈치의 각을 유지한 채 다운스윙(우)

왼손 엄지손가락을 타깃으로 던지자

여기서 말하는 타깃이란 눈에 보이든 안 보이든 자신이 결정한 목표를 말한다. 목표가 있어야 어느 곳으로 스윙해서 공을 날릴 것인지가 결정되는 것이다.

아마추어의 경우에는 볼이 잘못 맞으면 팔을 당기거나 볼을 때리다 중단해서 더 큰 미스샷을 만들지만 프로는 피니시를 이용함으로써 미스샷을 최대한 목표지점에 안착시키기 위해 노력한다.

왼손의 엄지손가락이 타깃을 향하는 스윙을 하면, 폴로스루를 할 때 몸과 팔의 공간과 방향이 일정해진다. 일정한 스윙리듬을 만든다는 것은 자신의 신체를 이용해 클럽과의 공간을 만들고 그 공간을 항상 일정하게 유지하는 것을 말한다.

엄지손가락으로 타깃의 오른쪽과 왼쪽을 번갈아 겨냥해보면서 나만의 스윙리듬과 방향을 찾자.

타깃을 향하고 있는 왼손의 엄지손가락

어깨 강화를 하면 팔의 움직임이 부드럽다

골프 스윙에서 몸에 있는 힘을 몸 밖으로 끌어내 사용하는 것과 몸에 힘을 주는 것은 전혀 다르다. 하지만 사람의 몸은 힘을 주는 것과, 힘을 끌어내 사용하는 것을 거의 동일하게 인식한다.

예를 들어 유도선수가 상대방에게 지지 않기 위해 버티는 힘은 몸에 힘을 주는 것이고, 스모선수가 상대편을 시합장 바깥으로 밀어내는 것은 힘을 끌어내 사용하는 것이다.

힘을 쓰더라도 팔 전체의 힘을 이용하는 것과 손목만 조금 움직이는 것은 크게 차이가 생긴다. 어깨 근육을 강화해 팔 전체의 움직임이 원활해지면 임팩트가 강해진다.

사진에서 우측의 신 프로는 폴로스루에서 왼쪽 어깨의 회전을 빠르게 하면서 팔을 뻗어주고, 필자는 왼팔 전체의 힘이 아닌 손목의 힘만을 이용하고 있다.

어깨의 힘이 부족하면 움직여 보기도 전에 몸이 알아서 멈춰 버린다.

임팩트에서 왼쪽 어깨는 위로 올라가면서 힘을 쓰는 것이 아니라 타깃 왼쪽으로 회전하며 팔이 피니시를 만들 수 있게 해야 한다.

폴로스루 시 손목의 힘만을 이용한 모습(좌), 왼쪽 어깨를 빠르게 회전하는 모습(우)

숄더 플렉션(Shoulder Flexion)

 스윙에서는 몸의 회전축 중심을 타깃 방향으로 회전하는 것이 중요하다. 몸 쪽으로의 회전이 아니라 몸의 바깥으로 회전하며 몸 안의 힘을 바깥으로 끌어내야 하는 것이다.
 몸으로 끌어당기는 팔의 회전은 피하고 어드레스부터 가슴을 펴 어깨가 굽지 않도록 해야 한다. 어깨와 허리를 펴는 것이 힘들다면 가슴을 펴서 등을 곧게 유지한다.

어깨를 위로 들어 힘이 들어간 회전(좌), 어깨의 힘을 뺀 부드러운 회전(우)

만일 어깨에 힘을 주면서 백스윙의 시작이 헤드가 아닌 팔로 들어 올려진다면, 어깨의 힘을 빼고 등이 펴진 상태가 되도록 해야 한다. 백스윙의 모습은 폴로스루에서의 모습을 연상시키므로 매우 중요하다.

어깨를 두고 팔로만 백스윙을 한다면 등과 어깨를 단련하는 것에 중점을 두고, 후면 삼각근을 단련해야 한다.

밴드를 ×자로 잡고 팔을 아래에서 위로 들어올리면 후면 삼각근이 발달할 수 있다. 후면 삼각근은 외전(몸의 중심에서 바깥 쪽으로 뻗어주는 동작)에 관여하는 근육이므로, 스윙의 축을 중심으로 회전하는 골프에 매우 좋다.

밴드 위아래로 당기기

X자로 스윙하자

강한 임팩트를 위해서는 다리를 고정시킨 채 팔을 위아래로 당기는 느낌으로 스윙의 긴장을 유지하는 것은 반드시 필요하다. 왼다리와 우측 어깨가 서로 당겨주고(정면의 ×자), 오른쪽 다리와 좌측 어깨가 서로 당겨주는 기분으로 서로 비틀어주면, 더 강한 탄력이 나오기 때문이다. 이것은 체중의 이동과 서로 상관이 있다.

어깨의 회전은 등과 상관이 있는데, 백스윙은 우측 어깨를 왼쪽 엉덩이 방향으로 제껴주고 피니시는 좌측 어깨를 오른쪽 엉덩이 방향을 바라보도록 틀어준다. 어깨에 힘이 들어가면서 위로 올라가는 것을 방지하고 스윙의 회전력을 높이는 데 좋다.

뒷면의 ×자를 유지할 때는 배가 하늘을 바라보지 않도록 하면서 상체의 기울기를 유지하도록 주의한다. 아무리 좋은 동작도 다른 동작이 흐트러지면 균형이 무너지므로 조심한다.

정면의 X자

뒷면의 X자

Part 6

임팩트

임팩트에서 공과의 간격을 유지하자

　백스윙과 폴로스루가 대칭이 되게 만들고 어드레스와 임팩트 자세를 같게 만드는 것이 스윙에서 가장 이상적이다.

　백스윙에서 유지한 척추의 기울기를 다운스윙에서 버티며 공을 향해 회전하면 구부러졌던 오른팔만 펴 정확한 임팩트를 만들 수 있다. 하지만 머리가 공에 가까워지거나 무릎이 주저앉으면 오른팔을 펼 공간이 좁아져서 정확한 임팩트가 힘들어진다.

　척추를 어드레스에서 기울인 만큼 그 기울기를 유지하는 것이 매우 중요하다. 목 밑의 몸통은 회전을 만들어야지 공으로부터 가까워지거나 멀어지면 안 된다.

　임팩트까지 기울기를 그대로 유지하고 피니시에서는 척추를 세우자. 계속해서 기울이고 있으면 허리가 아프다.

머리가 공 쪽으로 가까워진 임팩트(좌), 오른팔만 편 정확한 임팩트(우)

복부 긴장 유지가 파워를 만든다

스윙은 어깨의 회전만으로 되는 게 아니다. 견고한 다리와 상체의 회전이 조화를 이루어야 하는데, 이때 중요한 것이 바로 복부의 힘이다.

최근 많은 사람들의 관심이 근육강화에 쏠리고 있다. 하지만 아무리 근육을 강화한다고 해도 스윙의 어느 곳에서 어떻게 움직여야 하는지를 모른다면 소용이 없다.

백스윙을 할 때 복부보다 허리근육의 당김을 느끼는 골퍼도 있고 아무 느낌이 없다가 지적을 하면 엉덩이로 근육의 당김을 느끼는 골퍼도 있다. 사람의 몸은 서로 연결돼 있지만 어느 한 곳만 강화시킨다고 전체가 다 좋아지지는 않는다.

백스윙에서 임팩트를 지나 피니시까지 복부와 허리, 엉덩이의 당김과 느슨함을 느껴보자.

임팩트에서 복부의 긴장을 느끼며 자신의 엉덩이가 빠져 복부와 허리근육이 느슨한 임팩트는 아닌지 다시 점검해 보자. 복부근육의 견고한 당김을 느낄 수 있다면 공을 더 멀리 보낼 수도, 공을 컨트롤하기도 편해진다.

체중이 엉덩이에 치우친 임팩트(좌), 왼쪽 복부가 타깃 방향으로 긴장한 임팩트(우)

다리의 움직임

체중은 옆으로 움직이기
도 하지만 앞뒤로도 움직
인다. 발바닥 안에서 찾을
수 있는 수많은 감각들을
느껴보자.

여기에서 말하는 것은
감각적인 방법을 찾으라는
것으로 스윙 시 실제로 발
바닥이나 뒤꿈치를 지면에
서 이동시키라는 것은 아
니니 주의하자.

다음 사진은 공을 살짝
끼운 것 같은 느낌으로 물
흐르듯이 자연스럽게 이어
지는 백스윙 동작이다. 억
지로 만드는 것이 아니라
몸의 균형이 흐트러지지
않도록 부드럽게 이루어지
는 것이다.

오른발 뒤꿈치에 체중 실린 백스윙

원발 새끼발가락면으로 지탱한 피니시

피니시 사진 역시 임팩트 이후 자연스럽게 일어나는 동작인데, 임팩트 이후 엄지발가락의 힘을 빼면서 왼발을 펴면 된다.

왼발을 펴는 동작은 골반이 타깃 방향으로 내밀어지는 것이 전제된다.

다리와 골반은 밀접한 관계에 있다. 여성의 경우 무릎의 힘보다는 골반의 힘이 강하다. 약한 곳의 힘을 무리하게 쓰지 말고 강한 곳의 힘을 잘 이용하자.

오른발의 움직임

스윙을 할 때 양발은 버티기도 하고 힘을 주어 움직이기도 한다.

단순하게 체중을 움직이는 역할만 하는 것이 아니다. 특히 오른발의 역할은 방향과 거리에 모두 영향을 미친다. 오른쪽 발바닥이 지면에서 떨어져 움직이는 순간은 다운스윙이 50% 정도 진행되고 난 이후다.

임팩트에서는 오른발의 체중이 80% 정도 왼발로 이동되며, 오른발의 엄지발가락 측면이 지면에 힘을 주면서 반대쪽 면이 들리기 시작한다.

이때 오른발가락 전체에 힘을 주면 어정쩡한 피니시가 나오게 된다.

신 프로같이 발코가 완전히 서서 타깃의 반대 방향에 똑바로 서있도록 만들어야 한다. 체중이 모두 이동했다고 발목의 힘을 빼면 몸의 균형이 흐트러지기 때문이다.

체중 이동은 어깨의 회전도 중요하지만 발이 만드는 형태가 더 중요함을 잊지 말자.

피니시에서 발가락이 구부러진 모습(좌), 발바닥이 타깃 반대 방향을 바라보는 피니시(우)

발목과 아킬레스건을 강화시키는 스트레칭

　경사진 곳을 걸어 다니면서 볼을 치는 것은 생각보다 에너지 소모가 많다. 왼발 새끼발가락면으로 체중을 실어 폴로스루하면서 골반을 타깃 방향으로 진행시키는 동작도 너무 힘을 주어 하기보다는 자연스럽게 만들어야 한다.

골반이 타깃 방향으로 내밀어지면 왼발 펴기

　양발을 앞뒤로 벌리고 서서 지면에 뒤꿈치를 붙이고 무릎을 편 상태
에서 양발에 체중을 고르게 싣는다. 뒤에 선 다리의 무릎을 구부리며 체
중을 뒷발에 실어준다. 왼발 뒷꿈치를 들면 무게중심이 발가락쪽으로
이동되며 이때 발목과 아킬레스건이 강하게 수축된다. 뒷꿈치를 내리면
이완된다. 좌우로 8회 정도씩 반복한다. 클럽으로 몸을 지탱하거나 벽
에 손을 짚고 실시해도 된다.

허리에 손대고 왼발을 뒤로, 오른발을 바닥에 붙이고 무릎 펴기, 왼발 뒷꿈치 들기 전의 모습

무릎의 간격

하체가 튼튼하고 굵다고 거리가 많이 나가는 것은 아니다. 다리는 스윙의 축이 흔들리지 않도록 버티기만 하면 되는 것이 아니다. 오히려 스윙의 흐름을 주도해야 한다.

오른쪽 무릎은 백스윙에서 축을 유지하는 역할을 하고 왼쪽 무릎은 백스윙에서 축이 흔들리지 않도록 보조역할을 하면서 다운스윙에서 스윙을 이끄는 중대한 역할을 한다. 그러나 무릎의 간격이 좁아지거나 넓어지면 안 된다.

어드레스 때의 무릎 간격이 백스윙 자세에서도 같은 간격으로 유지되어야 강한 파워를 비축할 수 있다. 그 간격이 임팩트에서는 비틀어지며 좁아져야 한다. 양 무릎의 간격을 유지하려다 보면 왼쪽 옆구리의 근육이 당기고 힘들겠지만 완벽한 스윙을 위해서는 반드시 필요한 동작이다.

힘들게 버티었던 체중이 임팩트에서 비틀어질 때 멋진 비거리가 만들어질 것이다.

어드레스 시 무릎자세

백스윙 시 무릎자세

임팩트 시 무릎자세

골반의 회전은 수평이 아니다

골반의 회전은 백스윙 시 하체의 고정과 원활한 움직임을 위해서 위아래로 움직여야 한다.

체중의 이동에만 신경을 쓰다 보면 자칫 골반을 양옆으로만 움직이거나 아니면 고정시키는 경우가 많은데, 이렇게 되면 정확한 임팩트를 만들기가 어렵다.

신 프로와 같이 백스윙 시 왼쪽 골반을 자연스럽게 다운시키면 오른쪽 골반이 살짝 올라가면서 엉덩이가 약간 뒤로 움직이는 듯한 느낌을 받게 된다. 무릎이 고정되는 한 스웨이(몸의 중심이 옆으로 흔들리는 현상)는 염려하지 않아도 된다.

골프 스윙을 시계추나 시계바늘에 비유해서 설명하는 경우가 많은데 시계추 역시 수평으로 움직이는 것이 아니라 위아래로 움직이고 있다는 것을 명심하자.

자연스럽다는 것은 몸을 움직이기가 원활해야 한다는 것이다. 움직임이 불편하다면 편한 움직임으로 조금씩 타협해 나가도 좋다.

수평 회전한 골반

다운시킨 왼쪽 골반

스윙에서 골반의 움직임

일반인이 백스윙을 할 때 어깨가 90도 회전되면 골반은 그 절반인 45도를 회전할 수 있음을 뜻한다. 그런데 자신이 회전할 수 있는 만큼을 회전하지 않고 버틸 수 있다면 그만큼의 반발력을 만들어 낼 수 있다는 뜻도 된다.

골반의 회전을 제어하려면 다리에 힘을 주어야 하고, 이를 위해 균형을 잡을 수 있도록 적절하게 힘을 사용해야 한다. 많이 움직인다고 균형이 잡히는 것이 아니므로 적절하게 조율해야 한다.

백스윙에서 올바르게 골반이 비틀리고, 다운스윙에서 우측 골반이 내려갔다가 임팩트에서 왼쪽 골반이 올라가며 버티는 자세를 연습해보자. 어깨의 회전이 단지 수평은 아니듯이 골반도 자연스러운 반동을 주는 것이 회전에 도움을 준다.

강한 회전을 위해서는 강한 버팀이 필요하다. 여성들은 허리 힘보다 골반의 힘이 강할 수 있으므로 다른 느낌으로 연습해본다.

백스윙 골반

다운스윙 골반

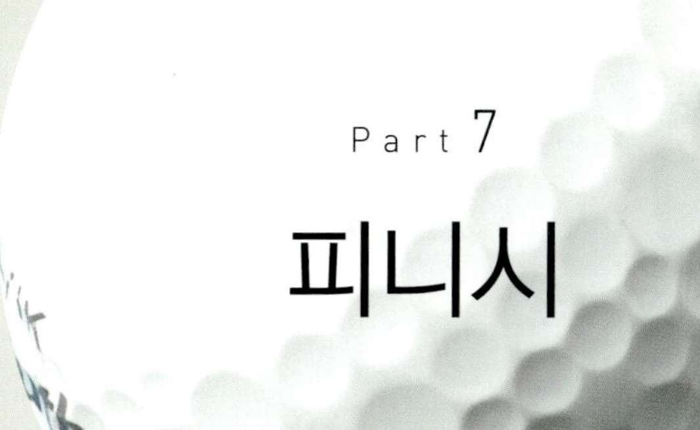

Part 7
피니시

어깨와 팔꿈치는 수평으로 유지하자

어깨는 힘을 빼려고 하기보다는 부드럽게 움직이는 것이 좋다. 자연스럽고 부드럽게 움직이기 위해서는 힘 또한 있어야 한다.

어깨와 팔꿈치의 높이가 수평이 되도록 백스윙을 만들자.

백스윙과 같은 피니시의 모습을 유지해야 한다. 이렇게 어깨의 수평을 만들면서 스윙하면 자연스럽게 목과 연결된 근육의 힘도 빠지게 된다. 어깨가 수평이 아니라 위로 올라가면 어깨에 힘이 들어간 것이므로 힘을 빼도록 주의해야 한다.

몸이 유연하면 그만큼 부상의 위험도가 줄어들기 때문에 좋다. 팔꿈치를 다쳤을 때는 구부렸다폈다만 반복하면서 재활할 수 있지만, 어깨 관절은 180도 회전하는 곳이므로 다치면 재활도 어렵고 수술도 어렵다. 그러므로 부상이 생기기 전에 충분한 스트레칭을 하고 근육을 강화해야 한다. 부드러우면서도 절도 있는 스윙을 만들도록 하자.

▲백스윙 시 오른팔과 어깨가 수평

▼피니시 시 왼팔과 어깨가 수평

피니시에서 그립과 헤드의 위치

　이상적인 백스윙은 이상적인 피니시를 낳는다. 스윙에서 양팔은 항상 같이 다니면서 임팩트 때 힘을 모아서 써주고 어느 한 손이 독자적인 행동을 하지 않아야 한다.

　백스윙 톱에서 오른팔의 팔꿈치가 지면을 향하게 만드는 것이 중요하다면, 피니시에서는 왼쪽 팔꿈치가 지면을 향하게 해야 한다.

　왼쪽 팔꿈치만 들어올리는 피니시는 클럽의 헤드가 허리까지 처지는 모습이 발생하게 되는데, 이렇게 되면 비거리에 손실을 보게 된다.

　스윙의 힘은 마무리까지 확실하게 전달되어야 한다. 그립과 헤드의 위치를 같은 높이로 유지하려고 노력하면 피니시까지 강하게 힘을 전달할 수 있게 되며, 더불어 임팩트도 좋아진다.

　자신이 좋아하는 선수의 스윙을 생각하며 양팔의 힘이 끝까지 유지되도록 하자. 시작과 마무리는 일정해야 한다.

헤드가 허리까지 처진 모습(좌), 그립과 헤드 위치가 같은 높이로 유지된 피니시(우)

Part 8
드 릴

고개를 숙이지 말자

동작에 긴장도 주고 헤드업도 방지하기 위해 어드레스에서 턱을 당겨 보자.

턱을 낭기면 척추도 세워지고 머리도 어느 한 쪽으로 치우치지 않는다. 간혹 어깨가 턱을 감싸야 한다고 지나치게 고개를 숙이는 경우가 있는데 주의하도록 한다. 고개를 심하게 숙이면 상체가 경직돼 몸회전이 불편해진다.

그리고 임팩트에서는 턱의 위치를 지키기 위해 노력한다.

힘을 잘못 쓸 경우, 임팩트에서 팔을 당기면서 머리가 우측으로 치우치게 된다. 이를 방지하기 위해 턱을 원래의 위치에 고정시키며 샷을 하는데, 이는 결과적으로 방향성과 정확도에 도움을 준다.

턱을 당기고 있으면 피니시에서 턱만 돌려도 공이 보이므로 회전축의 고정에도 도움이 되고 공을 볼 때에도 헤드업이 되지 않는다.

고개를 숙인 어드레스(좌), 턱만 당긴 어드레스(우)

공이 클럽헤드 앞쪽에 맞을 때의 손목 위치

공이 클럽헤드의 가운데에 맞지 않고, 원치 않는 방향으로 날아간다면 손목의 위치를 체크해보자.

가장 이상석인 것은 어드레스에서 손목의 위치와 임팩트에서 손목의 위치가 거의 비슷한 것이다. 몸이 회전하는 동안에 완벽하게 일치하기는 어렵기 때문이다. 하지만 어드레스 때보다 손이 몸에 가까워진다면, 어깨의 회전도 편하지 않기 때문에 공이 목표보다 우측으로 날아가게 된다.

대부분의 골퍼들이 팔을 몸에 가깝게 유지하려고 수건을 몸에 끼우고 연습하기도 하지만, 팔의 위치보다 더 중요한 것이 손목의 위치다. 스윙 플레인을 옆에서 바라볼 때 헤드의 방향과 함께 손목의 회전이 부드럽게 움직이는지 확인하자.

만약 손이 몸에 가깝다면 교정을 위해 손목은 세우면서 왼팔을 펴는 이미지를 그리며 연습하도록 한다.

몸에 가까운 손목 위치(좌), 이상적인 손목 위치(우)

배가 많이 나왔거나 턴이 안 될 경우 왼발을 들자

　배가 많이 나오거나 상체가 하체보다 많이 발달한 경우, 스윙을 할 때 비틀리거나 회전하는 데 어려움이 있다.

　스탠스를 좁게 서서 회전을 많이 하는 것도 좋지만, 백스윙 톱에서 왼쪽 발꿈치를 살짝 들어 힐업을 시켜보자. 힐업을 하라는 것은 뒷꿈치만 들라는 것일 뿐 무릎을 펴라는 것이 아니다. 이때, 무릎이 앞으로 조금 나와도 된다.

　스탠스를 넓게 선 채 무리하게 회전을 하면 왼쪽 엉덩이가 타깃을 보게 된다. 이렇게 되면 골반과 허리가 비틀어지게 되므로 조심해야 한다. 차라리 회전을 조금 덜 하는 것이 낫다. 억지로 근육을 늘리려다가 몸에 무리가 가지 않게 해야 한다.

　골프스윙을 제대로 많이 하면 뱃살이 빠지는 것이 정상이지만 복근을 제대로 비틀지 않으면 불가능한 일이다.

스탠스 넓은 상태에서 무리하게 회전(좌), 왼쪽 발꿈치를 힐업한 모습(우)

왼팔은 쥐고 오른팔로 때려라

　클럽을 잡고 있는 두 팔은 각자의 역할이 있다. 둘 다 같은 역할을 하려고 하면서 공을 때리려고만 하면 힘의 방향이 틀어져 몸에 힘만 들어간다. 또, 열 손가락 모두 그립을 꽉 움켜잡으면 쥐는 것에만 힘이 들어가고 손이 붓는다.

　왼팔은 중지·검지·새끼손가락을 특히 놓치지 말고 오른손은 엄지와 검지를 쥐어서 방향을 조절한다.

왼팔의 세 손가락 쥔 모습

　오른팔에 힘이 많이 들어가는 경우 오른손 그립을 놓고 공을 치라고 들 한다. 그런데 이렇게 하면 힘을 빼고 있는 것 같아도 손바닥으로 힘을 주게 되어 방향이 더 틀어지는 경우가 많다.

　또, 무리하게 왼손으로 방향까지 조절하려 들면 오른손잡이의 경우 손목에 무리가 가기 쉽다.

　양 손이 각자의 역할을 할 수 있게 하되 오른손 엄지와 검지만 힘을 주고 치는 것이 아니라 손 전체가 그 느낌을 느끼는 것이 중요하다.

오른손의 엄지와 검지 쥔 모습

한 손으로 볼을 쳐보자

　오른손잡이는 오른손으로 공을 때려야 공이 멀리 간다. 왼손에 힘을 주면 오른손으로 공을 때리는 동작이 왼손 때문에 막혀 몸에 힘만 들어 가게 된다.

　공을 힘으로 치려고 하지 말고 왼손은 허리춤에 얹고 오른팔로 헤드의 무게에 의해 클럽을 가볍게 들어 작은 스윙으로 공을 때려본다. 헤드의 무게가 느껴져 스윙 크기를 크게 하면, 임팩트가 부정확하므로 조금만 들어서 휘둘러야 한다.

　또는 왼손을 오른팔의 접히는 부분에 얹고 공을 쳐본다. 오른손목이 공을 맞추기 위해서 움직이는 것이 확실하게 느껴지면서 왼쪽 다리와 허리의 움직임이 느껴지게 된다. 오른손을 타깃을 향해 똑바로 밀었을 경우와 오른손을 타깃 왼쪽으로 회전시켰을 경우 공의 방향을 비교해 보면, 오른손을 타깃 왼쪽으로 회전시켰을 때가 더 정확하게 타깃으로 비행한다.

왼손을 허리에 얹고 오른팔로 스윙

왼손을 오른팔꿈치에 얹고 스윙

천천히 스윙하기 위해 스탠스를 조금만 좁혀라

드라이버를 멀리 치기 위해서는 어깨보다 조금 넓게 스탠스를 취하라고 한다. 이 말을 따라 발을 넓게 서면 어깨 회전하랴, 체중 이동하랴 정신이 없다. 그러나 이는 모든 이에게 적용되는 법칙은 아니다. 프로들의 경우에도 자신의 몸 상태에 따라 좁혔다 넓혔다 변화를 준다.

스윙리듬이 빠른 사람이 스탠스를 넓게 서서 천천히 스윙하면 백스윙 시 스윙 아크의 길이가 길어져 몸에 힘이 많이 들어가게 된다. 그렇게 되면 다운스윙이 갑자기 빨라지거나, 공이 찍혀 맞는 경우가 생기므로 스탠스를 조금만 좁혀보면 전체 스윙의 리듬을 되찾을 수 있다.

스탠스의 폭은 공 한 개 정도의 크기만 움직이면서 조절하는 것이 좋은데, 한 발씩 움직이는 것은 무리다. 클럽 14개의 스탠스를 모두 다르게 하는 것도 기억하기 어려우므로 짝 · 홀수로 나누어 정하는 것이 좋다.

단, 바람이 많이 불어 스윙 시 중심을 잡기 어려운 경우에는 스탠스를 넓게 서야 한다.

스탠스 좁게 백스윙

다운스윙에서 우측 어깨가 클럽보다 선행된다면?

운동 감각은 좋은데 클럽의 길이를 의식하지 못하고 손으로만 공을 때리려고 할 경우 많이 볼 수 있는 모습이다. 도구를 이용하지 않고 맨손으로 하는 운동을 많이 한 경우에 자주 나타난다.

우측 어깨가 클럽보다 선행되면 스윙 궤도가 인사이드로 들어가며 공이 깎여 맞을 수 있고 아예 엎어 쳐 왼쪽으로 당겨질 수도 있다.

교정을 위해서는 클럽의 헤드를 남겨두고, 하체와 그립을 타깃으로 먼저 회전시킨다. 맨 마지막으로 꼬인 곳이 하체이기 때문에 백스윙 시 클럽헤드를 먼저 움직였다고 해서 다운스윙에서도 클럽헤드를 먼저 움직이면 안 된다. 다운스윙은 그립이 먼저 움직여야 원심력에 의해 클럽헤드가 몸통을 중심으로 회전하게 된다.

▲헤드를 뒤에 남기고 그립을 먼저 당기기

◀엎어지는 다운스윙

한 발씩 버티기

체중의 이동은 균형을 잡을 수 있는 만큼만 움직이는 것이다. 몸의 중심을 잡아보고 균형을 유지할 수 있는 느낌을 위해 하나의 예를 들어보겠다.

백스윙에서 왼발을 떼고 오른발에 체중을 실어 본다. 다운스윙은 반대로 해 본다.

한 발씩 버티기 동작은 스윙의 균형감각을 기르기 위해서 하는 것일 뿐 실제 스윙에서 체중 이동은 이렇게 하면 안 된다.

이렇게 클럽을 들고 한 발로 버티는 것은 숙달된 골퍼가 아니라면 힘들다.

오른발에 체중 두고 백스윙

한 발로 상체의 각을 잡고 엉덩이가 허리보다 뒤로 쏙 빠지지 않도록
한다. 타이밍과 피니시에서의 균형이 좋지 않다면 한 발씩 움직여 보고,
잘 안 되면 다음처럼 강화 훈련을 한다.

양발을 가지런히 모아 바르게 서서 상체가 바닥과 수평이 되도록 구
부리고 양팔은 옆으로 벌려 시선은 한 곳에 고정한다. 무릎을 편 채 왼
발을 바닥과 수평이 되는 범위까지 들었다내리는 동작을 양쪽 5~15회
씩 3세트 정도 반복한다.

모든 동작은 천천히 신체의 정렬을 유지한 상태에서 진행하며, 들어
주었던 다리를 내릴 때 구부렸던 상체가 자연스럽게 일어서는 것이 포
인트.

강화 자세

로커보드 이용해 비복근으로 균형 잡기

사람의 몸은 참 신기하다. 어느 한 곳만 발달시킨다고 전체가 좋아지는 것이 아니라 부분별로 나누어서 운동해주어야 하는 것도 그렇고, 전체적인 조화를 생각해야 하는 것도 그렇다.

골프도 마찬가지다. 한 가지 샷만 잘 한다고 해서 전체가 다 좋아지진 않으며, 자신이 사용하는 클럽 모두를 골고루 잘 사용해야 한다.

발끝 오르막에 공이 놓여 있을 때 사용하는 근육을 발달시키기에 좋은 동작을 소개한다. 하체 근육 전체의 균형을 생각하면서 비복근(종아리 근육)을 강화시키자.

비복근에 무리가 가지 않으면서 중심을 잡은 모습과 비복근에 무리가 가면서 중심이 흐트러지는 모습을 다음 사진에서 비교해 보았다.

어느 곳에서든 중심을 제대로 잡는다면 그 샷의 절반 이상은 성공한 것이다. 비복근이 발달되면 몸이 날렵해지고 발 전체의 힘도 강해진다. 근육이 강화되면 어느 경사지에서도 중심을 잘 잡을 수 있다.

비복근에 힘주고 버티기   비복근에 무리를 주어 중심이 뒤로 쏠린 모습

테라밴드를 이용한 'L'자 연습

다운스윙의 스피드를 높이기 위해 테라밴드를 이용해 'L'자 연습을 하면 복부와 허리의 근육을 강화할 수 있다. 스피드는 물론 다운스윙의 유연성과 파워를 높일 수 있다. 몸통과 팔을 움직이는 것에도 효과적이고 몸의 회전강도를 느끼기에도 매우 적합하다.

고정된 곳에 신축성 있는 밴드를 단단히 고정하고, 스윙하듯이 팔을 옆으로 뻗었다가 반대 방향을 향해 당겨준다. 당기는 동작을 하는 동안 팔만 움직이는 것이 아니라, 몸통 전체를 이용해 마치 스윙하듯이 움직여주는 것이 포인트.

밴드가 아니라 덤벨의 무게를 조정하면서 운동해도 좋다. 중요한 것은 무게가 아니라 저항을 느끼는 것이다. 저항을 느끼면서 'L'을 유지해야 한다. 클럽을 힌지하는 것은 손목이므로 팔꿈치가 접히지 않게 유의하자.

밴드로 다운스윙

복부를 위로 올리는 동작

　공을 똑바로 멀리 보내기 위해서는 어드레스 동작에서 척추를 세우고 두 팔이 견고해야 한다. 어드레스 자세가 완벽해야만 임팩트 순간에 공을 때리면서 중심을 잡을 수 있고, 그러기 위해서는 척추의 힘과 복부, 엉덩이, 등 근육이 서로 받쳐주어야 한다.

　복부를 위로 올린다는 것은 중심이 아래로 치우친 것이 아니라 배에 힘을 주고 중심을 위로 잡는 것이다. 이 자세는 장타를 치는 선수들의 공통점이다. 이렇게 복부를 위로 들어 올린 어드레스는 스윙의 축을 견고하게 만들기 때문에 몸의 긴장감을 없애는 데 좋다.

　반드시 해야 하는 것은 아니지만 몸의 긴장을 풀면서 균형을 잡는 여러 방법 중에 가장 추천할 만하다. 몸의 균형과 밸런스는 스윙에서 가장 중요하게 체크해야 하는 포인트다.

중심 잡는 것에만 치중한 모습(좌), 배에 힘을 주고 중심을 잡은 모습(우)

지면을 먼저 때리는 원인 1

다운스윙을 할 때 의식적으로 오른팔을 몸에 붙여 끌고 내려오면 오른팔이 펴질 타이밍을 놓치게 된다.

임팩트에서 중요한 것은 헤드와 공의 접촉인데 왼쪽 허리로만 리드하다 생기는 오류다. 너무 다운블로를 의식하거나 왼팔로만 스윙하다 보면 이런 현상이 자주 나온다. 또는 몸의 회전만을 너무 생각해 팔은 그대로 둔 채 몸만으로 스윙을 리드해도 그렇다.

이럴 때는 임팩트 순간에 그립의 부트앤드가 자신의 몸 중심을 향하게 만들어야 한다. 방향성이 좋은 스윙을 만들려면 자신의 팔의 길이에 더해진 샤프트의 길이에 잘 적응해야 한다. 골프클럽의 길이는 생각보다 길다.

임팩트에서 오른쪽 팔꿈치가 펴지도록 너무 몸 가까이 붙지 않게 유의하자.

오른팔이 너무 몸에 붙어 임팩트되는 모습(좌), 부트앤드가 몸의 중심을 향하는 모습(우)

지면을 먼저 때리는 원인 2

초보골퍼의 경우 볼을 맞추려는 생각이 앞서다 보면, 다운스윙을 시작하자마자 곧바로 손목과 오른쪽 팔꿈치를 펴버려 공이 맞기도 전에 지면에 먼저 접촉하게 되는 현상이 발생한다. 이렇게 되면 손목을 다칠 수도 있으므로 유의해야 한다.

이럴 때는 팔꿈치를 의식하지 말고 손목을 생각하도록 한다. 팔꿈치의 각도 중요하지만 손목의 힌지를 가슴높이까지 유지하고 다운스윙한다면 볼에 정확히 접촉하는 것이 쉽다. 상급자의 경우 허리까지 끌고 내려와도 되지만 초보자의 경우 가슴높이까지만 유지해도 성공이다.

잘 맞추려면 잘 움직여야 한다. 다운블로라는 기술이 모두에게 필요한 것은 아니다. 하지만 스윙에 필요한 몸과 팔의 조화를 위해서 어느 정도의 모방은 좋다.

다운스윙의 스타트에서 오른쪽 팔꿈치가 펴진 모습(좌), 손목 힌지를 가슴높이까지 유지한 모습(우)

운전은 왼손으로

팔에 주는 힘은 오른팔과 왼팔이 균등하게 50:50이어야 한다. 누구는 왼손으로 치라고 하고 누구는 또 오른손으로 치라고 하는데, 스윙은 두 팔이 같이 휘두르는 것이다. 그런데 오른손잡이의 경우 왼팔의 힘이 오른쪽에 비해 힘이 떨어지므로 그 팔에 힘을 많이 준 느낌이어야 오른쪽과 균등하게 된다고 할 수 있다.

왼팔을 강화시키기 위해 왼팔로 운전해보자. 바퀴의 회전과 중심을 운전대를 잡은 왼팔로 조정하는 것인데 처음에는 조금 어색하지만 곧 나아진다. 왼팔의 감각적인 면도 좋아지고 힘도 강화할 수 있으므로 일석이조다.

스윙에서 폴로스루는 운전대를 왼쪽으로 회전하는 기분이다. 운전대를 왼쪽으로 꺾으면 팔 자체가 회전하므로 잘 느껴보면 스윙과 같다는 것을 알 수 있다.

왼손으로 핸들을 잡은 모습

팔은 활을 쏘는 것처럼

양궁에서는 시위를 당기는 오른팔은 구부리고 목표를 잡는 왼팔은 펴 준다. 하지만 이때 왼팔은 뻗고 있을 뿐이지 구부리지 않기 위해 힘을 주지는 않는다. 골프도 왼팔을 펴는 것에 치중해 백스윙 동작 자체에 힘이 들어간다면 팔꿈치를 약간 구부려 힘을 빼줘야 한다.

자세를 만들려고 과도하게 힘을 주는 것보다는 자연스럽게 움직일 수 있으며 임팩트에 힘을 전달할 수 있는 모양을 만드는 것이 중요하다. 왼팔을 쭉 펴면 힘이 들어가 있는 채로 긴장하게 되어 정작 볼을 때릴 때 탄력을 만들어 낼 수가 없다.

스윙에서 모든 동작은 정확한 임팩트를 위한 것이므로, 어떤 동작을 하기가 뻣뻣하다면 부드럽게 긴장을 풀도록 한다.

모든 스포츠들은 각자 고유의 특징들이 있다. 하지만 서로 유사한 동작도 많다. 서로 응용해서 동작을 만들면 더 편하고 쉽게 할 수 있을 것이다.

양궁에서 과녁을 조준하는 동작

축구선수들의 발 움직임을 연상하자

축구선수들이 킥을 할 때 지지하는 발은 공을 차는 발보다 더 중요하다. 발바닥에서 앞뒤로 혹은 양 옆으로 체중을 정확하게 잡아야 한다. 축구장이 평지이긴 하시만 뛰어가는 스피드에 의해 중심이 흐트러지기 때문이다.

골프장에서는 지면을 걸으며 발바닥의 느낌으로 높고 낮음을 파악하고 양 옆으로 균형을 잡곤 한다. 중요한 것은 발이 중심을 잡는 역할을 한다는 것이다. 그것이 양 발이든 한 발이든 마찬가지다.

그렇다고 정확한 계산에 따라, '발 앞에는 20퍼센트, 발 옆에는 30퍼센트' 라는 식으로 정해 두지는 않는다. 축구선수들도 물 흐르듯 자연스럽게 멋진 폼을 만드는 것이지 공식을 정해두고 하지는 않는다. 몸과 팔과 다리의 아주 멋진 폼을 생각하면서 공을 차지는 않는다는 말이다. 다만 공이 골문으로 들어가기를 원할 뿐이다.

골프 역시 마찬가지다. 홀로 한 번에 들어가기를 바라면서 자연스럽게 공을 친다.

축구선수의 킥 동작

농구의 리바운드를 하듯이 부드럽게 손목을 사용하자

골프 스윙에서 손목의 역할은 매우 중요하다. 아마추어들은 될 수 있으면 손목을 쓰지 않으면서 힘을 빼는 연습을 하는데, 상급자로 올라 갈수록 손목을 제때에 부드럽게 사용해야 한다.

힘을 빼라고 하는 것은 부드러운 스윙을 위해서인데, 팔 전체의 힘을 빼다가 자칫 그립마저 느슨하게 쥐는 경우가 많다. 클럽이 움직이지 않도록 그립은 힘을 주고 팔꿈치의 힘은 뺀다. 팔꿈치 힘을 빼면 손목을 부드럽게 사용하기가 쉽다.

임팩트에서 손목이 꺾일 수 있는데, 이렇게 되면 공의 탄도가 좋지 않고 타점도 정확하게 맞추기가 어렵다. 손목을 부드럽게 쓴다는 것은 신 프로처럼 손목이 팔과 같이 회전하는 모습을 만드는 것이다.

손목을 부드럽게 쓴다는 것이 손목 힘이 약해도 된다는 말은 아니다. 스윙이 부드러우려면 손목 힘이 강해야 하고, 손목 힘이 강하면 러프에서나 벙커에서도 풀이나 모래를 이기고 스윙할 수 있다. 손목 강화 또한 골프를 잘하기 위한 필수조건이다.

임팩트 시 꺾인 손목의 폴로스루(좌), 팔과 함께 회전하는 손목(우)

스윙은 부드럽게 공은 세게

　권투선수들이 잽을 날리며 상대방을 견제하면서 스트레이트를 뻗는 모습은 마치 벌이 사람을 갑자기 쏘는 것과 비슷하다. 권투선수는 상대의 허점이 노출되었을 때 온 힘을 다해 팔을 뻗어 친다. 맞아서 상대가 다치면 어쩌나 걱정하면서 치는 것이 아니다. 뻗는 방향으로 체중이 쏠리며 중심이 흐트러지는 경우가 있어도 있는 힘껏 상대를 친다.

　공도 마찬가지다. 공이 부숴질 것을 걱정하지 말고 힘껏 쳐야 한다. 하지만 중심이 흐트러지면 안 된다. 힘껏 뻗는다는 것은 몸에 힘을 많이 주라는 것과 다르다. 힘껏 뻗으면 처음에는 공이 원치 않는 방향으로 휘어지더라도, 시행착오를 거치면서 스윙이 확연하게 달라지는 것을 알 수 있다.

　스윙은 부드럽게 하되 공은 세게 치는 것이 좋다. 숏게임은 부드럽게, 풀 스윙은 부드럽지만 세게 치는 습관을 들이도록 한다.

숏게임, 테니스처럼 연습하자

작은 헤드로 작은 공을 맞추는 것이 어렵다고 느껴질 때에는 헤드면이 큰 테니스 라켓을 이용하는 것도 좋다. 공이 안 맞을 염려가 없고 헤드면에 탄력이 있으므로 공이 맞고 튕겨나가는 느낌을 보다 확실하게 느낄 수 있다.

일본 프로들은 연습할 때 한 손으로 지도자가 던져주는 볼을 테니스 라켓으로 멀리 때리는 연습을 하는 경우가 있는데, 이는 양 팔의 움직임을 확실하게 하기 위함이다.

던져주는 공을 맞추기가 아직 어려우므로 테니스 라켓으로 공을 위로 튕기는 연습을 먼저 해 보자.

날아오는 공을 테니스 라켓으로 맞힐 수 있게 되면 거리 감각도 컨트롤할 수 있게 된다. 탁구 라켓도 괜찮고 스쿼시 라켓도 좋다.

골프공을 위로 퉁기기

훌라후프를 이용한 스윙 플레인 점검

　체중이 너무 뒷꿈치에 쏠리는 어드레스를 하면 스윙 플레인이 가파른 (Upright) 형태를 만들게 된다. 스윙 플레인이 가파르면 다운스윙이 몸에 붙어서 당겨치는 샷을 유발하므로 주의해야 한다. 척추와 클럽이 직각이 되도록 어드레스를 만든다면 이상적인 스윙 플레인이 된다.

　이러한 스윙 플레인을 점검하기 위한 좋은 방법이 바로 훌라후프를 이용하는 것이다. 훌라후프를 샤프트와 평행하게 만들고 백스윙을 했을 때 샤프트와 훌라후프가 같은 선상에 놓이게 된다면 아주 좋다.

　이 훌라후프의 각은 자신의 어드레스가 어떠한가에 따라서 기울기가 조정되므로 각자의 체형에 맞게 하면 된다. 자신에게 맞는 기울기를 찾아 이상적인 백스윙을 찾도록 하자. 중요한 것은 여러 가지를 해보면서 가장 좋은 것을 택하는 것이다.

기울인 훌라후프의 경사면과 일치하는 백스윙

체중 이동을 자연스럽게 할 수 있는 방법

스키를 탈 때 체중은 무릎을 틀어주며 상체와 반대방향으로 자연스럽게 이동시킨다. 무릎은 구부린 채 반동을 주고 팔과 체중을 이용해 방향을 틀며 속도를 조절한다.

어렸을 때 하던 시소놀이를 생각해 보자. 무게에 따라서 조금 앞이나 뒤로 조절하고 혹은 두 명이 같이 앉기도 하면서 자연스럽게 오르내렸던 기억이 날 것이다.

골프 스윙도 마찬가지다. 억지로 오른발과 왼발의 경계를 두고 양쪽으로 밀어대면 부자연스럽게 동작이 끊어진다. 스키를 탈 때나 시소를 탈 때 리드미컬한 리듬이 만들어지듯, 스윙에서도 억지스러운 동작은 안 하는 것이 좋다.

상체를 비틀었을 때 몸무게 전체를 움직이지 말고 자연스럽게 이동하는 체중만 이용하자. 체중의 이동보다 더 중요한 것은 체중 이동의 균형이다.

스키 타는 듯한 동작

주시력을 찾자

사람의 몸은 균형을 위해 팔, 다리, 눈, 귀가 양쪽으로 두 개씩 있다. 하지만 주로 쓰는 쪽은 오른쪽이거나 왼쪽이거나 둘 중 하나다. 눈 역시 마찬가지다. 두 눈을 뜨고 있지만 한 눈이 주로 목표물을 주시한다. 양쪽 눈의 시력이 다른 것도 아마 이 때문일 것이다.

주시력을 모르면 스윙 시 공의 위치를 변화시키고 착시를 일으키게 된다.

종이에 구명을 내고 한 눈만 보이게

네모 반듯한 종이를 접어 가운데를 잘라낸 후 멀리 보이는 사물에 두 팔을 펴고 초점을 맞춘다. 서서히 팔을 당겨 얼굴 가까이에 근접시키면 한쪽 눈으로 원이 맞춰진다. 그 눈이 바로 주시력을 쓰는 눈이다.

오른쪽 눈이라면 왼쪽으로 놓던 공을 조금씩 우측으로 이동시키고, 왼쪽 눈이라면 조금 좌측에 놓도록 하자. 특히 퍼팅을 할 때 공의 위치가 주시력 밑에 놓이는 것은 중요하다.

Part 9

숏게임

퍼팅 스트로크는 왼쪽 팔꿈치를 움직이자

일반적인 퍼터를 사용할 경우 반드시 길이가 긴 것을 선호할 필요는 없다. 퍼터의 헤드를 시계의 추라고 생각한다면 두 팔과 클럽은 추를 연결하는 끈이 되고 명치는 시계추를 움직이는 중심축이 된다.

스트로크 시 퍼터가 흔들린다고 팔꿈치를 몸에 붙이고 움직이는 경우가 많은데, 이렇게 하면 거리감을 찾기 어렵고 임팩트에서 스트로크가 끊어지는 경우가 많이 발생한다.

팔꿈치는 몸에서 떼어주는 것이 좋다. 이때 왼팔만 몸에서 떼면 안 된다. 두 손이 함께 홀드하고 있으므로 오른쪽 팔꿈치도 배꼽 쪽으로 같이 움직여야 하는 것이다.

팔을 그대로 몸에 붙여둔 채 손목만 움직이면 공의 방향이 일정치 않으므로 퍼터를 쥔 두 팔이 팔과 몸 사이의 간격을 두면서 'Y'의 모양을 그대로 유지한 채 타깃을 향하도록 한다.

팔을 몸에 붙여 폴로스루

왼쪽 팔꿈치를 몸에서 뗀 폴로스루

어프로치를 잘하는 방법

흔히 연습장에서 배우는 똑딱이 스윙을 먼저 배우게 되면 백스윙은 크고 폴로스루는 없는 동작에 익숙해져, 어프로치의 거리감을 익히기가 어렵게 된다.

헤드를 접촉시키는 연습부터 하고 공을 맞출 수 있게 된 후에는 같은 힘을 주고 스윙하는 일관성에 대한 연습이 필요하다.

필드에서는 같은 거리나 상황이 잦지 않으므로 항상 거리를 변화시키면서 볼을 때린다. 무조건 스윙을 작게 또는 크게 하는 것이 아니라 공을 때리는 힘은 같지만 헤드 스피드를 달리하면서 거리를 조절한다. 같은 거리를 계속 집중적으로 연습하는 것보다 약 서너 곳을 지정해두고 매번 다른 곳으로 공을 번갈아치는 것이 훨씬 효율적이다. 어프로치는 거리감이 우선이라서 한 곳에 집중하는 것은 좋지 않기 때문이다. 특정 거리가 안 될 경우를 제외하고는 번갈아치는 습관을 들이도록 한다.

창조적인 연습은 플레이를 더 재미있게 만든다.

클럽헤드에 공이 닿은 직후

일관성은 스핀보다 낫다

골프는 스윙 폼만 중요한 것이 아니다. 거리에 맞는 스윙이 중요하고 같은 동작을 반복할 수 있는 능력이 필요하다.

반복 연습은 누구나 많이 하지만 거리별 컨트롤에는 그리 신경 쓰지 않는 경향이 있다. 특히 어프로치샷의 경우 샌드웨지로 스핀을 걸어 세우려고만 하고 상황에 맞는 클럽 선택이나, 다양한 어프로치에는 특별한 노력을 기울이지 않는다.

공이 항상 같은 힘으로 10미터에 떨어졌을 때 4미터 구르고, 20미터 떨어졌을 때 8미터만 구르는 일관성을 보이면 문제없다. 하지만 내기가 크게 걸리거나 긴장하면 미스샷이 나기 일쑤고, 거리가 들쭉날쭉하다면 아무리 스핀이 잘 걸리는 샷을 했더라도 소용없다.

샷이 만족스럽다고 무조건 점수가 잘 나오는 것도 아니고, 개개인의 만족도도 다르므로 무슨 생각이 더 낫다고 할 수는 없겠지만, 위와 같은 일관성은 반드시 필요하다.

스윙 시 호흡요령

숨을 크게 쉴 때 가슴은 위아래로 움직이며 산소의 양에 의해 그 두께가 두꺼워진다. 역도선수를 생각해보자. 무거운 바벨을 들어올릴 때 큰 기합소리를 내며 호흡을 멈춘다. 어깨에 바벨을 대고 다시 호흡을 가다듬은 후, 기합을 넣으며 두 팔을 편다. 호흡이 힘에 미치는 영향을 단적으로 보여주는 예다.

스윙을 할 때는 세게 때리든, 약하게 때리든 힘을 사용하게 된다. 이렇게 힘을 쓸 때 호흡은 멈춰야 한다. 중요한 것은 산소를 가슴에 넣고 멈춰야 하는 것이다.

스트레칭을 할 때 숨을 내쉬면서 하는데, 이렇게 되면 몸이 이완되며 힘을 쓸 수 없고 근육이 늘어나기만 한다. 그래서 백스윙을 할 때 숨을 들이마시고 멈춘 채 피니시까지 가야 한다. 혹자는 백스윙을 할 때 숨을 내쉬라고도 하는데, 이는 산소 양을 부족하게 만들어 힘을 쓰기 어렵게 한다.

숨을 들이마시고 백스윙 톱에서 숨을 멈추자.

Part 10
조 언

레슨을 받을 때 해야 할 것과 하지 말아야 할 것

보통 사람들의 경우 약 3~6개월 정도 레슨을 받는다. 그리고 가장 중요한 첫 라운드에 나설 때, 지도자 없이 지인들의 도움을 받아 경험을 하는 것이 일반적이다.

그러나 처음 필드를 나갈 때는 반드시 지도자와 동행하는 것이 좋다. 골프장에서 지켜야 할 에티켓이나 플레이 도중의 매너 교육과 함께 연습장과는 다른 필드에서의 적응방법을 제대로 배울 수 있기 때문이다.

연습장에서 연습할 때 한 동작을 과도하게 집중적으로 2주 이상 연습하지 않도록 한다. 한 동작을 오래 반복하다 보면 그 동작으로 인한 오류가 반드시 발생하게 된다. 샷에 집중하지 못하고 한 동작만 반복하는 것이 된다면 골프가 피곤하고 몸도 배겨나지를 못한다.

여러 가지 동작들 중에 자신에게 맞는 것은 취하고 어려운 동작은 쉽게 풀어서 해도 된다.

할 것에 집중하자

볼을 치다 보면 해야 될 것이 많은데, 안 해야 할 것들만 잔뜩 생각하게 된다. '여기에선 이것을 조심하고 이것만은 하지 말아야 하고…' 등 실수를 하지 않으려고만 생각한다. 잘할 수 있고 해야 할 동작들이 많은데도 조심해야 할 동작만 신경을 쓰게 되는 것이다.

'잘못되었으니 이것은 하지 말아야지' 보다는 '이렇게 하면 잘되니 이것은 꼭 해야지' 라고 생각하는 것이 긍정적인 사고다. 해야 할 것에 집중하다 보면 생각보다 더 나은 동작을 할 수 있게 된다. 하지 말아야 할 것에 집중하면 동작에 자신이 없어져서 더 잦은 미스샷을 유발하게 된다.

따라서 자신이 잘하는 동작을 더 좋게 만들고 유지하는 것이 제일 좋다. 그러다 보면 잘하는 동작의 리듬이 다른 스윙에 영향을 주기 마련이다. 실수가 나왔을 경우 잘하는 샷으로 리커버리하면 되므로 걱정할 것이 없다.

불확실한 것에 대한 집착은 미련이다.

지도받은 후 요약하기

레슨의 효율을 높이기 위해 매번 다음 네 가지를 실천하도록 한다.

첫째, 주요 요점을 요약하자. 무슨 동작을 어떻게 교정하고 바꿀 것인지 확실하게 기억하는 것이 중요하다.

둘째, 자신이 그 요점을 이해했는가를 확인하자.

셋째, 칭찬받거나 성공한 동작과 생각을 되새긴다. 안 된다고 좌절하지 말고 잘했던 것을 위안 삼아 더 잘하기 위한 도전이 필요하다.

넷째, 다음 시간까지 연습해야 할 것과 스케줄을 잡는다. 주기적인 체크와 반복 없이는 동작이 흐트러지고 집중이 되지 않으므로 약속 날짜에 맞춰 계획성 있게 연습하는 것이 좋다.

골프에서 최악의 한 마디 "네 샷은 아직 그대로구나"

　이 말은 고집이 세다는 뜻이다. 슬라이스 구질을 10년 이상 유지한 경우, 직구를 치고 싶어도 교정을 받다가 혹시 '훅이 나게 되면 어떡하나'라는 생각에 원래 하던 방식을 고수하는 경우가 많다. 생각이 변하지 못해 동작이 변하지 않는 것이다. 조금만 다르게 생각하면 되는데 겁이 나서 하지 못한다.

　하나의 구질이 정해져 항상 방향이나 휘어짐이 일정하다면 굳이 스윙을 변형시키거나 바꾸려고 하지 않아도 좋다. 생각을 바꾸는 것은 어렵다. 그러나 동작을 바꾸는 데 걸리는 시간은 그리 오래 걸리지 않는다.

골프에 좋은 체형은?

보편적으로 팔이 길고 어깨가 그리 넓지 않으며 손발이 크고 키가 큰 사람이 유리하다고 한다. 그러나 골프는 자신의 열정만 있다면 체형과 관계없이 누구나 즐길 수 있는 스포츠다.

신지애 프로는 일반적인 체형에 비해서 손발이 작지만 팔이 길다. 그래서 스윙의 큰 아크를 유지하고 공을 멀리 때리는 것이다.

농구나 배구의 경우 신장이 안 되면 많이 불리하지만 골프의 경우는 그렇지 않다. 팔이 짧아 아크를 크게 할 수 없어 거리의 손해를 본다면 숏게임을 열심히 연습해 보충하면 된다. 골프는 누구에게나 공평하다.

성격이 급하면 스윙도 빠르다

성격이 급하면 가끔 덤벙거려서 잊어버리는 것도 있으나 생각하는 속도가 매우 빠르다. 진도도 빨리 나가야 하고 하나를 알면 단번에 열이 다 이해된 것처럼 급하게 진행하는 것을 좋아한다.

이런 사람에게 스윙을 휘두르는 속도가 빠르니 백스윙 톱에서 멈추라고 하거나, 클럽을 천천히 휘두르라고 하면 공을 때리는 타이밍을 놓치는 경우가 많다. 이럴 때는 '천천히'를 강조하지 말고 원래의 속도 안에서 타이밍을 맞추는 것이 좋다.

스윙 스피드를 느린 리듬으로 맞춘 사람에게 빠른 타이밍을 요구하면 할 것을 미처 다하지 못해서 미스샷이 나오는 것과 마찬가지다. 빠른 것을 일부러 고칠 필요는 없다. 스윙이 빠른 사람은 빠른 속도 안에서 할 것을 다하며 자신만의 타이밍을 찾는다.

성격이 급한 사람도 자신만의 타법이 있는데 일부러 백스윙 톱에서 스윙을 한 템포 늦추면, 오히려 미스샷이 나올 확률이 높다.

몸은 내가 시키는 대로 따라한다

뇌에서 명령을 내려 몸으로 전달되기까지 시간이 좀 걸릴 뿐 몸은 뇌가 시키는 대로 한다. 그래서 공의 어디를 칠 것인지 눈으로 정확하게 바라보고, 어떻게 스윙할 것인지를 대충이 아닌 명확하게 정해야 한다. 생각한다고 모두 이루어지지는 않겠지만 진정으로 원하고 자신 있게 움직이면 안 되는 동작은 없다.

몸의 반응이 한 템포 늦다는 것을 안다면 강한 임팩트를 위해서 어디에 힘을 써야 하는지 알 수 있다. 슬라이스가 나는데 공을 왼쪽에 위치시키면 더 슬라이스가 나는데도 불구하고 아마추어들은 왼쪽에 놓아야 클럽이 스퀘어되는 것으로 착각들을 하곤 한다.

안 될 것이라고 미리 예측하지 말고 시행착오를 겪는 것이 좋다. 정확하지 않은 예측은 자신 없는 스윙을 만들어 낸다. 동작을 수정하기 위해서는 믿고 치는 것이 가장 중요하고 자신의 판단과 자신의 눈을 믿는 것이 확실하다. 내가 나를 못 믿으면 누가 나를 믿겠는가?

장타자를 위한 조언

점수에 집중하는 것이 좋다. "골프에서 무슨 고민이 있으십니까?"라고 물으면 "점수가 안 납니다"라고 대답한다. 그래서 "어떻게 연습하십니까?"라고 물으면 드라이버 OB가 많아서 드라이버를 많이 연습한다고 한다. 하지만 그 샷만 연습하면서 어떻게 점수를 줄일 수 있겠는가?

남들이 멀리 나간다고 감탄하니까, 우쭐한 기분에 다른 클럽은 잡지도 않고 몇 시간 동안 드라이버만 치는 것이다. 드라이버도 멀리 가고 숏게임도 잘 하면 금상첨화일 텐데 말이다.

멀리 나가지 않아서 재미가 없어도 골프는 점수가 적을수록 잘하는 게임이므로 골고루 연습해두어야 한다. 골프가 공만 멀리 날리는 게임이라면 누구나 드라이버만 연습할 것이다.

골프는 누구에게나 공평하다. 자신이 한 만큼만 결과를 보여주는 것이니 자신의 재미를 다른 곳으로 분산시켜 적은 타수로 홀인하는 것에 집중하도록 한다.

단타자를 위한 조언

긴 클럽을 선호하지 말고 부드러운 샤프트에 로프트가 큰 헤드를 사용하자. 거리가 나지 않는 데에는 분명한 이유가 있다. 무리한 욕심에 힘을 분산시키거나 클럽이 본인에게 맞지 않을 수도 있다.

리듬체조에서 리본을 휘두르거나, 말에게 휘두르는 채찍을 연상하면서 부드럽고 작게 스윙하는 것을 추천한다. 그린 주변에서 다양한 기술을 사용할 수 있도록 많은 경우를 연습하고, 웨지는 한 개 이상을 자유자재로 다룰 수 있도록 페이스에 녹이 생길 때까지 연습하자.

근육의 크기를 키우는 운동보다는 잔 근육이 많이 운동할 수 있는 프로그램으로 손목의 힘을 강화시키는 데 애쓰도록 하자.

게리 플레이어는 손가락으로 팔굽혀펴기를 할 수 있을 때까지 손가락 힘을 키웠다고 한다. 이안 우스남의 손 두께는 일반인과 비교할 수 없을 정도로 두껍다. 부족한 부분은 강화시키면 향상될 수 있다. 스윙에 리듬을 갖도록 하루에 10분은 빈 스윙에 투자해 보자.

주니어골퍼를 위한 조언

처음 시작할 때 좋은 지도자를 만나는 것이 중요하다. 지도자는 많은 대화를 나누고 주니어에게 맞는 길을 제시해줄 수 있어야 한다.

골프가 지닌 철학과 기본 정신에 대해 자주 생각하고 '좋은 사람'이 될 수 있도록 노력하자. 점수를 낮추는 것에 급급해 지도자를 자주 바꾸지 말고 한 지도자에게 꾸준히 지도를 받도록 한다.

골프를 시작하는 나이는 초등학교 4학년 정도가 적당하며 자신의 의사를 표시할 줄 알고 성격이 활발한 편이 좋다. 항상 부모님에게 감사한 마음을 갖고 매사에 겸손한 마음으로 대하는 것이 중요하다. 골프를 치는 것은 벼슬이 아니다.

눈 앞의 점수보다는 장기적인 안목으로 기본기에 충실하자. 일주일, 한 달, 일 년 등으로 나누어 계획표를 작성하고 자신의 꿈을 명확하게 그린다. 골프에 '대충'이란 없다.

공부하면서 골프도 잘하는 좋은 사람이 되도록 책을 많이 읽고 간접 경험을 많이 하자. 골프라는 스포츠를 이해하려면 다양한 경험이 필요하다. 모든 사람이 프로가 될 수는 없다.

시니어골퍼를 위한 조언

고령화 사회에서 부부가 함께 즐길 수 있는 스포츠로 골프 만한 것은 없다.

시니어골퍼들의 가장 큰 고민은 비거리에 관한 깃이다. 그러나 줄어든 비거리를 늘리려고 고민하기보다는 드라이버 로프트를 13~14도로 교체하고 하이브리드우드로 9번과 11번을 구비하는 것이 좋다. 없어진 힘이 갑자기 만들어지지는 않는다.

그린 주변에서 점수가 늘어나지 않도록 어프로치 연습을 많이 하고 티잉그라운드를 화이트티(레귤러티)보다 짧게 사용하는 것이 좋다. 핸디캡을 조정할 수 있듯이 티잉그라운드도 자신에게 맞게 사용할 수 있으므로 무조건 남자, 여자로 나누어 치는 것은 좋지 않다.

이렇게 하면 스트레스받을 일이 없다. 낮은 핸디캡보다는 건강에 주안점을 두고 부부동반 라운드를 즐긴다면 그 이상 행복한 것은 없을 것이다. 골프 치는 목적을 비거리에 두지 않도록 하자.

여성골퍼를 위한 조언

될 수 있으면 남성용 클럽을 사용하는 것은 피하자. 거리 욕심에 길고 강한 클럽을 사용하는 경우가 있는데 이는 체력과 체격이 뒷받침되는 사람에 한해서 가능한 것이다.

공을 멀리 보내는 것도 좋지만 여성의 장점인 섬세함에 집중하는 것이 좋다. 라운드를 한 번 다녀오면 드라이버만 잡고 남들보다 거리가 더 나가게 해달라고들 하는데 골프에서 중요한 것이 드라이버는 아니다. 퍼팅과 어프로치샷 연습을 많이 해 통달하도록 한다. 다 같은 한 타이므로 큰 차이가 없다.

친구들과의 대화를 줄이고 연습은 짧고 굵게 하자. 연습장에서 긴 시간을 보내는 것이 능력 향상에 큰 도움을 주지는 않는다. 집중해서 짧은 시간에 골고루 연습할 수 있도록 계획한다.

라운드를 할 때 소극적으로 따라만 다니지 말고 가끔은 주도하는 것도 좋다.

초급자를 위한 조언

　한 클럽으로만 연습하지 않도록 한다. 기초를 튼튼히 하는 것은 좋지만 동작에 빨리 싫증이 나게 된다. 14개의 클럽에 빨리 적응할 수 있도록 우드와 아이언을 같이 연습하며 허리에 무리가 가지 않도록 자세에 유의한다.

　처음에 퍼팅을 먼저 배우면 공을 다루기가 쉬워지므로 공 굴리기에서 시작해 작은 스윙으로 공을 맞추는 것부터 한다. 너무 동작에 집착하면 자칫 공을 때리는 것에 소홀할 수 있으므로 동작을 하면서 공을 멀리 보낼 수 있는 방법을 찾도록 한다.

　동작이 완성된 이후에 거리를 보내기 위해 힘을 쓰면 애써 만들어진 스윙이 망가질 수 있다. 스윙을 하면서 동시에 멀리 때릴 수 있어야 한다.

　복잡한 기술서적은 읽지 말고 선수들의 게임을 TV를 통해 많이 보는 것이 좋다. 샷을 하는 방법에 대해서는 지도자에게 일임하며 궁금한 것은 자주 질문을 한다. 90타 이하가 되면 기술서적을 읽어도 된다. 때로는 아는 것도 독이 될 수가 있기 때문이다.

　좋은 선생님을 만나는 것도 중요하다.

중급자를 위한 조언

아이언샷의 정확도와 숏게임을 키우도록 한다. 홀마다 파를 하는 경우와 미스샷을 할 때는 어느 경우인지를 잘 파악해야 한다. 무조건 파를 목표로 삼기보다는 그 홀의 난이도를 잘 파악해서 공략하는 것이 좋다.

보기를 할 곳과 파를 할 곳을 미리 정하고 분석한다. 기술서적을 조금 접한다. 책에서 본 내용에 자신을 맞추려 하지 말고 자신에게 맞는 방식으로 변화시키는 것이 좋다. 상급자와 라운드를 많이 해보며 그들의 공략을 따라해 본다.

초급과 다른 홀드의 형식을 취해(초보 시에는 오른손의 역할이 많지 않게 잡는다) 오른손의 기술습득에 전념하며 자신만의 루틴을 확정한다. 우왕좌왕하지 말고 정해진 루틴에 따라 샷하는 습관을 들여야 한다.

상대방의 플레이나 행동에 영향을 받지 말고 자신의 플레이에 집중하는 자세가 필요하다. 좋은 플레이는 우연히 일어나는 것이 아니라 신중히 계획되고 실행되는 것이다.

자신만의 롤모델을 정하고 여러 사람보다는 한 사람에게 배우는 것이 좋다.

상급자를 위한 조언

　프로 흉내는 금물이다. 나쁜 선생님과 좋은 선생님을 구별할 수 있듯이 자신에게 맞는 스윙이 생긴 후이므로 정교하게 다듬어야 한다. 아무 데서나 무리한 기술을 사용하지 않으며 정확하게 자신이 할 수 있는 샷에 대한 확신이 필요하다.

　각종 경우의 샷을 설정해 연습한다. 시행착오 이상 좋은 선생은 없다. 여러 선생들의 이론을 다양하게 체험해보며 자신에게 맞는 것은 취하고 아닌 것은 과감하게 버린다. 그리고 안 되는 동작에 집착하지 않는다.

　연습장에서 함부로 아마추어들을 지도하지 않는다. 가르쳐 보지 않은 사람은 자신의 주장을 관철하려 들기 쉽다.

　목표에 달성했다고 안이하게 생각하면 갑자기 스코어가 나빠지는 경우가 있으니 바쁠 때에는 이미지 트레이닝을 한다. 인문적인 책들을 많이 읽으며 자신만의 골프철학을 만들고 30분이라도 나만의 연습법을 만들어 꾸준하게 점수를 유지한다.

프로선수를 위한 조언 1

"나는 골프라는 영화의 주인공이다."

자신만의 영화를 만들자. 프로들은 누구나 최고를 꿈꾼다. 돈과 명예를 위해 모든 것을 던지며 누구보다 멋진 삶을 위해 정열을 쏟는다. 믿을 수 있는 지도자와 사려 깊은 대화를 하고 협력을 해야 한다.

슬럼프를 두려워하지 말고 골프를 삶의 일부분으로서 인정하며 기술과 더불어 심리기술을 향상시켜야 한다. 성급하게 욕심 부리지 말고 정확한 자기 진단과 함께 자신을 믿는 습관을 들이자.

내 영화의 주인공을 멋지게 만들수록 나에게 도움이 된다. 기술이 녹슬지 않도록 항상 수련에 매진하고 실수에 연연하지 않는다. 지나간 홀의 실수를 생각하느라 앞으로 나에게 다가올 기회마저 차버리지 말자.

자신의 가치와 철학에 대해서 끊임없이 생각하며 스스로를 소중하게 생각하고 동료들과 좋은 관계를 맺는다. 적을 만들지 마라.

프로선수를 위한 조언 2: 퍼팅만 입스가 있는 것이 아니다

몇 년 전 드라이버샷이 잘 안 된다며 상담을 온 프로선수가 있었다. 갑자기 컨트롤이 안 되고 자신감이 떨어졌다고 했다. 어떤 프로는 벙커에만 들어가면 홈런을 친다고 했다. '입스'라는 상태는 퍼딩에만 있는 것이 아니다.

입스는 연습 때는 나타나지 않다가 긴장하거나 중요한 순간에 모습을 드러낸다. 마음은 움직이라고 하는데 몸이 말을 듣지 않는다. 마음과 몸이 따로 움직이는 것이다. 이것은 그 순간을 참고 이겨내는 것 외에는 방법이 없다. 벗어나려고 애쓰면 쓸수록 더 갇히게 된다.

양궁선수들이 올림픽을 준비할 때 스타디움에 들어가는 것부터 영상으로 보면서 훈련하듯이 중요한 순간에 익숙해져 있으면 된다.

입스는 몸의 병이 아니라 마음의 병이다. 긴장도 습관이므로 자신은 이겨낼 수 있다는 믿음을 갖고 부정적인 생각에서 벗어나자.

지도자를 위한 조언 1

학생들이 조언에 반응하지 않는 것은 그들의 생각이 있기 때문이다. 무조건적으로 자신의 말만 듣고 동작을 따라하라고 강요하지 말고 그들의 생각을 경청한다. 그들의 생각과 이유를 알면 교정이 쉬워진다.

동작 교정 시에는 본인의 생각을 충분히 학생에게 이해시켜야 한다. 설명 없이 동작만 반복하라고 하면 제대로 된 동작을 기대하기 어렵고 시간도 오래 걸린다.

또한 지도자는 볼을 잘 쳐야 한다. 자신의 수련에도 시간 투자를 해야 한다. 지도와 교육은 항상 학생의 입장에서 생각해야 한다. 자신의 생각을 강요하지 말고 이해시키는 것이 중요하다. 학생이 배우는 스타일을 잘 파악해서 친근감을 주며 믿음과 신뢰를 쌓아야 한다. 믿음은 말로 생기지 않는다.

지도자로서 모범을 보이고 골프의 철학과 역사에 대해 숙지한다. 진정한 골프의 묘미를 기술과 함께 가르쳐야 한다. 골프에는 기술만 있는 것이 아니다. 골프의 모든 면을 넓은 시각으로 보면서 동료들과 회의하며 많은 대화시간을 갖는다.

지도자를 위한 조언 2

여러 단계의 사람들이 지도자를 찾는다. 초보자이든, 상급자이든, 프로이든 일단 그들의 고민을 귀 기울여 듣자.

같은 문제가 있더라도 항상 그들 각각에 맞는 언어로 설명하는 데 주의를 기울여야 한다. 똑같은 상황에 대해서 사람들은 각기 다르게 느끼며 두려움을 느끼는 정도도 다르다. 그 사람의 마음에 부정이라는 마음이 자리 잡기 전에 신뢰를 쌓는 것이 효과적이다.

한 가지 관점으로만 가르치지 않으며 좁은 시야를 넓히는 데 힘쓴다. 선입견은 정확하고 창의적인 판단을 방해한다. 스윙을 한 번만 보고 판단하지 마라. 그 볼이 배우는 학생의 생각에 좋았는지 안 좋았는지를 꼭 물어봐야 한다.

나쁜 선생은 있어도 나쁜 학생은 없다고 한다. 배우는 이의 응답, 대답, 표현으로 자신이 가르친 것이 올바르게 전달되었는지 알 수 있다. 배우는 이가 자신이 배운 것을 자신만의 언어로 표현했을 때 그 지식은 비로소 학생의 것이 되었다고 할 수 있다.

골프지도자는 기술만 가르치는 사람이 아니다. 교육자라는 생각을 가지고 책임감 있게 행동하자.

나에게 맞는 지도자 선별하기

요새 실내나 실외를 비롯해 스크린 골프까지 갖춘 수많은 골프연습장에서 골프를 가르치는 사람의 수는 자격증이 없는 사람까지 포함해 약 3만 명 정도에 이른다. 그 많은 사람 중에서 자신에게 맞는 지도자는 누구일까? 지인들에게 소개를 받는 것이 가장 정확하겠지만 그렇지 못할 경우 난감하기 마련이다.

가장 효율적인 것은 근처의 연습장에 가서 입구에 소개되어 있는 프로들의 프로필을 확인하고 약 2~3일 정도 그 지도자들을 관찰하는 것이다. 지도자들의 특성을 파악하고 난 후 직접 지도자에게 원하는 바를 이야기해(골프를 치는 목적, 목표 등) 지도안을 작성한다.

골프장은 사설학원과 같이 장소와 지도자를 선택할 수 있으므로 자신이 선택만 제대로 한다면 유리하다. 처음 기초를 제대로 배우기 위해서는 자신의 스타일에 맞는 지도자를 선택하는 것이 매우 중요하다. 나만의 특권을 버리지 마라.

전현지의 자신만만 Golf_(퍼펙트 스윙 편)

초판 1쇄 2008년 11월 20일

지은이 전현지
펴낸이 김석규   **담당PD** 성영은   **펴낸곳** 매경출판(주)
등 록 2003년 4월 24일(No. 2-3759)
주 소 우)100-728 서울 중구 필동1가 30번지 매경미디어센터 9층
전 화 02)2000-2610(출판팀) 02)2000-2636(영업팀)
팩 스 02)2000-2609   **이메일** publish@mk.co.kr
인쇄 · 제본 (주)M-print 031)8071-0961

ISBN 978-89-7442-529-6
ISBN 978-89-7442-528-9(세트)
값 12,000원